地域と自治体 第38集

TPP・FTAと公共政策の変質

問われる国民主権、地方自治、公共サービス

岡田知弘
自治体問題研究所 編

自治体研究社

はしがき

　アメリカのトランプ大統領は、就任直後の 2017 年 1 月 23 日、公約通り TPP（環太平洋経済連携協定）交渉から永久に離脱することを宣言し、TPP は挫折した。併せて、「アメリカ・ファースト」というスローガンの下に、多国間交渉ではなく二国間の FTA（自由貿易協定）に力点をおき、既存の NAFTA（北米自由貿易協定）、米韓 FTA 等の見直しも行うことを明らかにした。

　実際、トランプ政権の下で、アメリカ側の貿易赤字が拡大しているメキシコ、カナダ、韓国をターゲットにした通商協定の見直しを各国に求めるとともに、中国には通商法 301 条をもとに圧力をかけている。日本に対しても、貿易収支の不均衡の是正を安倍内閣に求め、首脳会議において「日米経済対話」の設置が合意され、交渉が開始された。その際、ペンス副大統領は、改めて米日 FTA を追求していくことを表明している。

　これに対して、安倍内閣は、アメリカ抜きの TPP 11 の締結交渉を主導するとともに、アジアでは RCEP（東アジア地域包括的経済連携、ASEAN 10 ヵ国と中国・日本・韓国・インド・オーストラリア・ニュージーランド）交渉、EU との間では日 EU・EPA（経済連携協定）交渉等、複数国を相手にしたメガ FTA に積極的に取組み、アメリカの要求する米日 FTA についても許容する姿勢を示している。これらは、共通して、モノの貿易だけでなく、多国籍企業の自由な活動を保障するための非関税障壁の撤廃や共通制度化をねらい、さらにサービス貿易や知的所有権による収益保障、国や地方自治体、国有企業による政府調達市場の開放、そして投資家の利益を保障するための ISDS（投資家対国家の紛争処理条項）や自由化の水準を後退させないラチェット条項を盛り込んでいる。そして、悪評高い ISDS 条項を各通商協定の交渉現場で強く要求しているのは、ほかでもない日本政府である。

しかも、各交渉で基準となっているのは、2016年末の国会において与党の数の力で可決したTPP協定である。留意すべきは、いずれの交渉でも、このTPP合意水準を基準にして、さらなる貿易・投資の開放を積み増す「TPPプラス」が追求されていることである。
　例えば、2017年7月6日に、日EU首脳会議で日EU・EPAが「大枠合意」に達したと報じられた。これは、TPPの際に使用された「大筋合意」とも異なり、EU側が反発して合意に達していないISDS条項等を保留したうえで、「大枠」として合意を得たという意味合いのものである。それが、あたかも妥結したかのように大々的に報道された。
　問題は、その「大枠合意」の内容として、豚肉や牛肉、ワイン、構造用集成材などの農林水産品の関税撤廃はTPP並みとなり、乳製品についてはTPPを超える自由化に合意している点である。わずかな自動車関税引き下げとの「取引」という形になっているが、国内の畜産業やワイン用ブドウ産地の住民に対して決定的な打撃となる取決めが、官邸の政治的意図とプレーによってなされていることに深い危惧を感じざるをえない。地方自治体が、住民の福祉の向上のために、これまで地道に取り組んできた地域産業振興策が、一部の政治家と外交官の「意志決定」により、一瞬にして蹂躙されるということである。
　それだけではない。この「大枠合意」には、政府調達分野において中核市でも物品とサービス調達の開放を行うことが盛り込まれている。政府は、地方創生戦略の一環として人口20万人以上の都市自治体を中核市として指定するとともに、それを中心市として連携中枢都市圏の形成を推進している。現行のWTO協定では、政府調達条項の対象機関は、国と都道府県、政令市だけであったが、TPP協定において3年後に地方自治体の適用対象を拡大する追加交渉を認めたこともあり、このような対象範囲の拡大をしたといえる。また、地方自治体の中小企業振興策の手法として使用されている、地域経済への貢献を進出企業に求める「ローカルコンテンツ規制」も禁止とされた。いったい、この交渉過程において、安倍内閣は当該の地方自治体に対して必

要な説明を行ったのだろうか。それをしていないとすれば、明らかに地方自治権の侵害であろう。

 以上のように、メガFTAは、単なる関税撤廃による自由貿易交渉ではない。国民生活や地域経済、地方自治のあり方を根本的に変える重大な問題をもたらしているのである。

 本書の狙いは、第一にトランプ大統領就任直後のメガFTAをめぐる世界的動向を見定めることである。第二に安倍内閣によるTPP・FTA推進政策の問題点を、交渉内容の基準となっているTPP協定文の詳細な分析によって明らかにし、第三にごく少数の多国籍企業や金融資本の利益にしかならない自由貿易主義による政策ではなく、一人ひとりの住民の生活の質的向上に直結する地方自治体による地域経済振興政策、公契約制度の活用による地域再生の展望を示すことにある。

 そこで、第Ⅰ部では、メガFTAをめぐる現状を、市民運動や地方自治に焦点をあてながら把握する。第1章（内田聖子）では、メガFTA交渉にNGOとして関わり、TPP反対の取組みをグローバルな市民社会とともに展開してきた視点から、TiSA（新サービス貿易協定）、メガFTAをめぐる現況に留まらず、自由貿易主義への対抗軸となる考え方や欧州の地方自治体における独自の動きを解説している。第2章（郭洋春）では、日本の先をゆく米韓FTAの現実を、国や地方自治体の主権、地方自治権、司法権の侵害にも注目して分析し、米日FTAが予想される日本の未来に警告を与えている。第3章（岡田知弘）では、安倍政権の下でのTPP・FTAをはじめとする多国籍企業優先の経済政策の全体構図と政策内容、地方自治との密接な関係を明らかにするとともに、それに対抗する理論と地域経済振興策を提起する。

 第Ⅱ部では、TPP・FTAが国民生活・地方自治体・公共サービスに与える影響を、TPP協定を詳細に分析するとともに、この間現実的に生じている規制緩和、改革にともなう問題や日EU・EPAなどの通商協定をめぐる新しい動向を踏まえて、深く分析している。

 第4章（三雲崇正）ではISDS条項と国民・住民主権に関わる問題を、

弁護士と地方議員の立場から分析している。第5章（近藤康男）ではTPPの国有企業章を深堀りしながら、インフラ・国有（公有）企業の解体とビジネス化をめぐる問題を論じている。第6章（鳥畑与一）では、TPPや日米二国間交渉で特に狙われている年金・共済・生命保険について国際金融論の視点から分析のメスが入れられている。第7章（山浦康明）では、食品安全をめぐる規制緩和がもたらす消費者安全行政の危機について、通商協定の「科学主義」や「リスク論」の問題を含めて詳細に検討されている。第8章（寺尾正之）では、医薬品価格決定や知的所有権、さらに国民皆保険制度をめぐる協定内容と現実に進行しつつある医療現場の問題を取りあげ、国民の生命を守る行政が危機に陥っていると指摘している。最後の第9章（尾林芳匡）では、自由貿易協定と労働をテーマに、弁護士の立場から、協定に盛り込まれた原則以外の労働権侵害の危険を指摘するとともに、公共サービスの民営化に伴う雇用問題や住民サービスのあり方を検討し、欧州での公共サービスの公共性を高める新たな地方自治運動を紹介している。

　経済のグローバル化と、それに伴う政策的協調を求める多国籍企業本位のメガFTAの動きに対して、地域経済だけでなく、地方自治体も明確な影響を被り、公共政策が大きく変質する時代に入った。本書も、内田聖子さんが共同代表を務めるアジア太平洋資料センター（PARC）が呼びかけた「TPPテキスト分析チーム」の皆さんや開発経済論の郭洋春さん、国際金融論の鳥畑与一さん、弁護士の尾林芳匡さんの協力によってはじめて世に問うことができた。刻々と変化する情勢の下で執筆していただいた皆さんに、心から感謝したい。

　いま、一人ひとりの国民、住民の生存権と幸福追求権、財産権を守るために、地方自治体はこれまでにない役割が求められている。また、住民も「行政の私物化」に対抗して、グローバルな視点からの社会運動を展開する必要に迫られているといえる。本書が、そのような運動や地方自治体の取組みの一助になれば、幸甚である。

　2017年8月末日　　　　　　　　　　　　　　　　　岡田知弘

地域と自治体 第38集
TPP・FTAと公共政策の変質―問われる国民主権、地方自治、公共サービス―

目 次

はしがき……………………………………………………………………岡田知弘　3

第Ⅰ部　メガFTAの政治と経済……………………………………………　11

第1章　メガFTAの現実
―メガFTAの行方とあるべき貿易ルールへの模索―………内田聖子　13

1　TPPの崩壊　13
2　トランプ政権下の通商交渉と日本に迫る危機　14
3　日本に迫る危機―貿易だけでなくすべてが標的に―　17
4　メガFTA終焉の始まり　20
5　妥結ができない理由　24
6　知的財産分野での「農民の種子の権利」への危機　27
7　電子商取引―人権としての個人情報か、企業のためのビッグデータか―　29
8　ISDSと途上国　31
9　公共サービスの市場化への警戒―EU市民社会―　32
10　自由貿易協定・多国籍企業にNOを突き付ける世界の自治体の力　34
11　持続可能で公正な貿易をめざす国際市民社会の取り組み　38

第2章　米韓FTAその現実………………………………………郭　洋春　41
はじめに　41
1　米韓FTAの仕組み　41
2　米韓FTAに伴う法律の改正　46
3　米韓FTA発効後の韓国社会　55
むすびにかえて　62

第3章　TPP・FTA推進の政治経済学と地方自治……………岡田知弘　65
はじめに　65
1　第二次安倍政権とTPP　67
2　輸出で「稼ぐ力」をつければ日本経済は発展するのか　82
3　TPP・FTAと地域経済・地方自治体　90
4　国民主権・国家主権・地方自治権を侵害する憲法違反の通商協定　103
5　自治体が中心となって地域経済・地域社会を守るバリアづくりを　104

第Ⅱ部　TPP・FTAと国民主権・公共サービス……………………… 111

第4章　国民・住民主権を侵害するISDS条項……………………三雲崇正　113
　　1　ISDSとは何か　113
　　2　仲裁事例に見るISDSの問題性　117
　　3　SDS条項の問題点　121
　　4　おわりに─ISDSからICSへ（EUの試み）─　131

第5章　インフラ・国有企業の解体とビジネス化
　　　　　─TPP国有企業章についてあらためて考える─……………近藤康男　135
　　はじめに　135
　　1　TPP国有企業章の特徴と狙い　137
　　2　TPPの国有（公有）企業とは何か、どんなものがあるのか　140
　　3　国有企業章についての政府の説明で充分なのか　147
　　4　その他の条項について　150
　　5　日欧EPAを公共調達・公有企業から考える　151
　　6　最後に─あらためて国有企業という事業形態を考える─　153

第6章　経済連携協定で狙われる年金・共済・生命保険……………鳥畑与一　155
　　はじめに　155
　　1　GATSと金融サービス貿易の自由化　156
　　2　TPPにおける金融サービス自由化の特徴　160
　　3　日本の金融消費者にとってのTPPの危険性　167
　　おわりに　171

第7章　消費者安全行政の危機………………………………………山浦康明　173
　　はじめに　173
　　1　日米二国間協議と食品安全行政の規制緩和　174
　　2　日本の食品安全行政の後退　177
　　3　TPPのルールから見えてくるもの　179
　　4　外交政策、政府の姿勢が自治体の行政に悪影響を与える　183

第8章　国民の生命を守る行政の危機…………………………………寺尾正之　185
　　1　国民皆保険制度の屋台骨が揺らぐ　185
　　2　医療・介護サービスのビジネス化による影響　195
　　おわりに　198

第9章　自由貿易協定と労働……………………………………尾林芳匡　201
　　1　TPP協定の労働についての取決め　201
　　2　日本政府等の見解と問題点　204
　　3　TPP労働分野とILO　205
　　4　労働法令についてのさらなる規制緩和圧力　207
　　5　産業の受ける影響は労働者を直撃　208
　　6　締約国間の労働条件引き下げ競争　210
　　7　貿易自由化への対処の試み　211
　　おわりに　212

第Ⅰ部

メガFTAの政治と経済

第 1 章

メガ FTA の現実
―メガ FTA の行方とあるべき貿易ルールへの模索―

内田聖子

1 TPP の崩壊

 2016 年 11 月、米国でトランプ大統領が誕生してから、世界の風景は一変した。最も大きな出来事の一つは、米国の TPP（環太平洋パートナーシップ協定）からの撤退だろう。2010 年以降、米国は TPP や TTIP（環大西洋貿易投資協定）、TiSA（新サービス貿易協定）などの自由貿易協定を通商政策の柱に位置付け、交渉では一貫して主導権を握ってきた。その米国自身が TPP を「悪しき協定」と定義し撤退したことは、あまりにも皮肉な結末だった。

 日本も含むマスメディアでは、トランプ氏によって TPP が崩壊したと語られるが、私たち国際市民社会、とりわけ米国市民社会のとらえ方は違う。この 6 年間、TPP 参加国の市民はあらゆる手段を駆使して交渉阻止に努力してきた。TPP を実現したいグローバル企業の圧倒的な資金力と政治力に比べればもちろん微力だが、私たちは草の根のキャンペーンや学びの場、国会議員への働きかけ、リーク文書の分析などを協力して進めてきた。この国際連帯運動は WTO（世界貿易機関）設立以降、各国市民社会が積み重ねてきた蓄積の延長上に位置づけられる。

 米国大統領選の直後、「TPP を葬ったのは決してトランプではない。市民社会が 6 年間、必死に抵抗してきた成果だ」との声明が市民団体や NGO から次々に発信された。米国最大規模の労働組合の一つ、アメリカ労働総同盟・産業別組合会議（AFL-CIO）[1]は、米国が TPP 交渉に

---

[1] 正式名称は "American Federation of Labor and Congress of Industrial Organizations"。現在アメリカ・カナダの 53 単産が加盟し組合員は 900 万人を超える。https://aflcio.org/

参加した2010年以降、一貫してTPPが米国労働者の雇用を奪うとし、全米で労働者の組織化を日々行ってきたが、こうした努力が人々の間に草の根的に広がり、自由貿易協定の拒否につながった。また大統領選翌日、米国最大の環境団体シエラクラブのウェブサイトには「今日から4年間、毎日毎日がトランプ氏との闘いだ」というバナーが掲げられた。トランプ政権下の環境政策は確実に後退するからだ。

　私自身も、米国のTPP撤退はこうした運動の成果であり、何よりも大統領選まで批准をさせなかった（引き延ばし作戦により大統領選での争点化に成功した）ことが大きいと考えている。同時に、これは「必然」であるとも強く思う。米国の労働者たちの生活苦、貧困や格差は確かに極限近くに達している。グローバル化の中で企業が海外に流出し、地域から雇用が次々と消えていく中で、人々は自分が「代替可能」なちっぽけな労働力に過ぎないという現実に直面する。それは、生きがいや幸福感を容易に破壊し、アイデンティティの根本を揺さぶる。この状況は米国に限らず先進国が同時代的に抱える問題だろう。このように蓄積された実感によって「TPPで雇用が生み出せる。豊かになれる」という米国政府のスローガンは、たちまち拒絶された。もちろん、その受け皿にトランプ氏が選ばれたという現実は、米国社会が抱える最大の「難題」となり、今後人々はトランプ政権の政策を吟味し、闘っていく必要があるし、その闘いはすでに始まっている。

2　トランプ政権下の通商交渉と日本に迫る危機

　メガFTA（自由貿易協定）全体の分析の前に、トランプ政権下での通商政策についてふれておこう。

　大統領就任直後、トランプ氏は公約通りTPP離脱とNAFTA（北米自由貿易協定）再交渉を実行に移した。まず確認しておかなければならないのは、トランプ政権の通商政策を「保護主義」あるいは「反グローバリズム」と呼ぶ言説についてである。これは基本的に間違っていると、私は考えている。これまでトランプ政権が打ち出してきた主

張は、いわゆる保護主義的な政策と、その真逆である自由貿易推進・新自由主義的な政策のつまみ食いのようなもので、いわば自国に都合の良いダブルスタンダード。決して一貫性のある経済思想に立つものとは思えない。

例えば、トランプ大統領は「日本が米国自動車の販売を難しくしている」というが、日本の自動車の関税はゼロ、自動車に関税を 2.5% かけているのは米国の方だ。またリーマンショックを契機に、オバマ政権下で 2010 年に定められた「金融規制法」（ドッド・フランク法）の廃止も宣言。これにより一度は規制された金融の自由化・規制緩和が実施されることになる。国家経済会議の議長には、ゴールドマン・サックスの前社長兼 CEO のゲーリー・コーン氏が選ばれ、財務長官も同社の元幹部であるスティーブン・ムニューチン氏だ。これだけ見ても、トランプ政権下でウォール街発マネーは世界中を駆け巡ることは必至だろう。同時に、インフラ投資によって 10 年間で雇用を 2500 万人創出し、連邦法人税を 35% から 15% に下げ、個人所得税も減税するといっている。これらの政策が実行されれば、米国経済は再び金融自由化を中心とする形に変化し、「グローバル化」の勢いは終わるのではなく、むしろ「マネー」を主役に猛然と加速する。その結果、所得格差の拡大も懸念される中、トランプ大統領は最低賃金を 10.10 ドルにするというオバマ大統領令を覆してもいる。これでは労働者の期待に応えることはできない。

また、米国は TPP の他にもいくつかのメガ FTA や二国間投資協定などを交渉中であるが、TPP と NAFTA 以外の協定について、トランプ氏は明確な姿勢を示していない。例えば、EU との間の TTIP について、新サービス貿易協定（TiSA）は、後述するようにその歩みは停滞しているものの、2017 年になっても交渉は継続中である。さらに、トランプ氏が米国の貿易赤字を生み出しているとし最大の標的としている国の一つが中国であるが、実は米国は中国との間に二国間投資協定を交渉しており、トランプ氏就任後にはむしろこれを加速化しよう

とする動きすらある。つまり、高関税や自国内での雇用創出などはわかりやすいパフォーマンスに過ぎず、投資や金融の流れは今まで以上に加速化するということだ。

　2017年3月1日、米国通商代表部（USTR）は「2017年貿易政策アジェンダ及び2016年年次報告書」[2]を議会に提出した。就任以来、TPP離脱とNAFTA再交渉、そしてバラバラで整合性のない個別政策はあっても通商交渉全体の方向は不透明だったが、ようやく輪郭が見えてきた。

　この報告書は毎年、米国政府の貿易政策を広報して国民と議会の支持を引き出すためのツールとして使われている。オバマ大統領時代にはTPPに相当なページが割かれたが、今年は一変してTPPは数行程度。「アメリカ・ファースト」というスローガンのもとで、米国の多国籍大企業が海外で利益を得るための自由市場の原則と透明性を強調している。要するに基本は例年の報告書と大きくは変わらず、金融や投資、ITなどの領域で多国籍大企業には今まで以上に外で稼がせ、利益を米国内に還元させるということだ。これは「保護主義」や「反グローバリズム」の思想とは程遠く、逆に世界中で米国の多国籍企業にとって有利なルールを強化することでしか実現しない。米国への富の集中への過程で、世界中で幾重にも搾取と不平等なルールがまかり通ることになろう。こうした内外に対する政策の非対称性を見ずに、トランプ政権の政策を「保護主義」と呼び、自由貿易の重要性を強調することは、意図的な誘導ではないかと思えるほどだ。

　また、全体像を見ずに「関税で自国産業を守るのは主権の行使である」「自国に雇用を生み出すことはいいことだ」と評価をする言説が、TPPに反対してきた人たちの中にもあるのは残念でならない。確かにこれらは一般論としては正しいが、そのために何をやってもいいというわけではない。例えば、トランプ大統領は、ツイッターで「高関税

---

[2] USTRウェブサイト https://ustr.gov/about-us/policy-offices/press-office/reports-and-publications/2017/2017-trade-policy-agenda-and-2016

にするぞ」と脅しをかけながら、米国に投資を呼び込み、雇用を増やす作戦を行っている。メキシコに工場を建設するトヨタを批判し、米国のトヨタによる1.1兆円もの投資を約束させたのがいい事例だ。またキーストーンパイプライン建設も再開する。そこには莫大なインフラ投資がなされ、一定の雇用が生み出されることになろうが、環境を破壊しながら進められる従来型の巨大公共事業は、将来にわたり米国民に利益を生み出すだろうか。

　もちろん米国が将来、本当の意味での保護主義に向かう可能性はゼロではない。先述の報告書では、WTOの紛争処理で米国に不利な判断が出た場合、必ずしも従わないと明示された。また不公平な貿易相手国に制裁措置を科す通商法301条（スーパー301条）の復活も示唆されている。これを実行すれば各国がWTO協定違反を訴え、貿易紛争が多発しかねない。少なくともいま米国は、戦後のIMF-GATT体制（ブレトン・ウッズ体制）の枠内に存在しており、その限りにおいて「自由貿易推進」という縛りがかけられている。また、これまで米国は二国間・メガFTAを進めつつも、WTOにも一定の力を注いできた。そんな中で、米国がWTO軽視を前面に打ち出すのは極めて異例である。もしWTOの規定無視あるいは脱退という事態となれば、そのとき初めて米国は世界の貿易体制から離脱し、完全な「保護主義」へと変容する。

3　日本に迫る危機―貿易だけでなくすべてが標的に―

　このようにダブルスタンダードの米国の通商政策は、今後日本にも避けがたい災禍として降りかかる。TPP離脱後、米国は主要国との二国間貿易を目指すと宣言している。

　2017年2月10日、安倍首相とトランプ大統領の日米首脳会談では、軍事・経済でさらなる日米同盟強化を確認。「日米経済対話」という名のもと、①財政、金融などマクロ経済政策の連携、②インフラ、エネルギー、サイバー、宇宙での協力、③二国間の貿易枠組みの協議を行

うことを決定した。つまり、話は貿易だけでなく、財政、金融など広い分野でこれまで米国が日本に様々な形で押し付けてきた規制緩和や税制改革が、改めてトランプ大統領のもとでも要求される。

　当然それらは、TPP での合意水準以上の自由化・規制緩和要求となろう。例えば 2017 年 1 月 27 日、日本へのコメ輸出増を一貫して求めてきた全米米協会は、「米国の TPP 撤退は、日本への米の輸出に影響を及ぼさない。米国の米は、日本において構造的な障害に直面している。我々は、より多くの米国米を日本に出荷するように改善する、米国と日本との貿易協定を支持する」との文章をウェブサイトに掲載した。米国食肉協会も、TPP 後の二国間交渉を要求している。

　関税だけの問題ではない。首脳会談後の 2 月 16 日、在日米国商工会議所は、「共済等と金融庁監督下の保険会社の間に平等な競争環境の確立を」[3]と題した意見書にて、かねてから同所が要求してきた外国企業と共済との「平等な」競争条件を日本国内につくれという主張を改めて述べている。いわば「共済つぶし」として、TPP 交渉中にも私たちが最大の警戒を払ってきた分野の一つである。また日本は為替操作をしているとの声が米国産業界（特に自動車）には根強いが、この点も中国へと同様、厳しく追及されるだろう。TPP は頓挫しても、こうした要望は止むことがない。むしろ二国間交渉では TPP 以上に米国が有利となるため、あらゆる面でこれまで以上の要求が突き付けられる危険がある。

　そして、米国の要求以上に深刻な危機は、日本国内における「TPP 発効状態」の完遂ではないか。日本政府は発効が絶望となったにも関わらず、最も早く TPP 批准を行った国の一つである。また 2015 年 10 月の大筋合意直後から、「TPP 対策予算」として、2 年間で合計 1 兆 1906 億円も支出している。主には農業分野だが、コンテンツや技術などの輸出促進なども含まれる。国会で審議も批准もしていない条約に

---

[3] 在日米国商工会議所ウェブサイト　http://www.accj.or.jp/uploads/4/9/3/4/49349571/1701_kyosai__ins_.pdf

予算出動した国など、他のTPP参加国の状況を調べても皆無である。前国会ではこのことの責任追及がなされたものの、政府は国庫返納をする気も、責任を取る姿勢もない。

　さらに、日本国内ではこの3、4年の間に、TPP交渉と並行しながら、TPP発効を見越した規制緩和が次々と行われてきている。米国の要求に応える形でのいわば「TPPの前倒し」だ。例えば、アフラック社は2013年7月から日本全国2万店の郵便局でがん保険の販売を実現できている。2017年2月、農水省はモンサント社などの四つの遺伝子組み換え作物を承認した。規制改革会議は、今も農協解体を推し進める。水道サービスの民営化をさらに促す水道法改正案も、193国会に提出された。内閣府「対日直接投資会議」では、外国投資家のための手続き面での規制緩和がなされるだけでなく、国内での英語表記の充実や、子弟向けのインターナショナルスクールの増設、果ては日本の子どもたちへの英語教育の強化までもが含まれている[4]。このような状態の中で、TPP水準以上の自由化が要求されたとき、日本政府は果たしてノーを突き付けられるのだろうか。むしろ実態としては、貿易協定は一向に妥結しなくとも、常に交渉状態が続いているだけでよい。つまり、国内の規制緩和を促すエンジンとして貿易協定を利用しているという方が正しい理解なのかもしれない。

　「経済対話」の開始は、4月にペンス副大統領が来日して以降に本格化・具体化しているが、問題はこの経済対話（あるいは日米貿易交渉）については、TPP以上に秘密性が高くなるだろう点だ。正式な交渉会合も告知されず、交渉に関する文書が公表される可能性も極めて低い。私たち市民社会は、これまで以上の情報収集と発信を行わなければならない。

　2017年5月18日、トランプ政権は北米自由貿易協定（NAFTA）の

4　「グローバル・ハブを目指した対日直接投資促進のための政策パッケージ」平成28年5月20日、対日直接投資推進会議決定　http://www.invest-japan.go.jp/committee/policy_package_jp.pdf

再交渉を行う意思を議会に通知した。ライトハイザー通商代表の議会承認が遅れるなどの「予定外」の影響もあって、先延ばしされてきたNAFTA再交渉開始が現実的となった。この通知により、再交渉は早ければ8月中にも開始される見込みとなっている。

　トランプ政権はNAFTA再交渉の後には韓国とのFTA（韓米FTA）の再交渉も行なう意思を見せており、米国は当面、これら既存のFTA再交渉を優先しつつ、日本との経済対話を進めることになる。NAFTAや韓米FTAがどのように変化していくのかは、日本の私たちにとっても重要な参照となるだろう。

4　メガFTA終焉の始まり

　世界を見渡せば、TPPの難航と崩壊は、決して特殊な事例ではない。1995年に始まったWTOが停滞する中で、2000年代には二国間貿易協定（FTA）が推進された。米国はじめ各国は網の目のように二国間貿易・投資協定を締結していくが、しかし二国間での協定を無数に広げることは合理的ではないという現実に直面する。いわゆる「スパゲティ・ボウル」状態である。そこで米国は2010年に入って以降、メガFTAへと通商政策の軸足を移していく。日本を含む他国も、それに呼応し、そして到来したのがメガFTA時代だ。

　現在交渉中のメガFTAは、TPP、TTIP、RCEP（東アジア包括的連携協定）、日EU経済連携協定、新サービス貿易協定（TiSA）、日中韓FTAなどである（図表1-1）。いずれも、従来のモノの貿易（関税の撤廃）はもちろんのこと、それに加えて参加国の間で投資の自由化、非関税障壁の撤廃を行うことで経済的な連携を強化し自由な経済圏を築くことをめざしている。つまり、様々に異なる経済発展の度合いや制度、ルールの規制緩和を一律にすることで、貿易の主たるアクターである企業や投資家にとっては「より自由なビジネス環境」を生み出すという側面がある。

　各メガFTAの経済規模は、世界経済の3割、4割と非常に大きく、

第1章　メガFTAの現実

図表1-1　世界のメガFTA

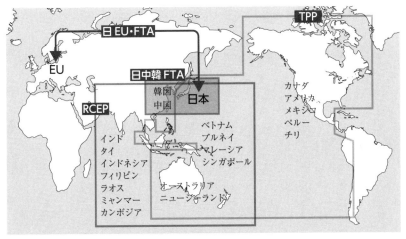

（出所：「TPP以外にも日本が取り組む『メガFTA』にはどんなものがある？」『THE PAGE』2015.8.13
https://thepage.jp/detail/20150813-00000002-wordleaf）

まさに機能不全に陥ったWTOを補完し、自由貿易を推進する装置として働くことが期待された（図表1-2）。

図表1-2　メガFTAの経済・人口規模

	GDP		人口
	兆ドル	対世界構成比（%）	（億人）
TPP	28.0	36.3	8.0
RCEP	22.6	29.2	34.5
日EU	23.1	29.9	6.3
TTIP	35.9	46.5	8.2

GDP、人口は2014年の数値
"World Economic Outlook" April 2015 (IMF) から作成

ここで強調したいのは、これらは交渉開始から約4年以上経つが、いずれも妥結しておらず、しかもTPPの崩壊をはじめ、この1〜2年で明らかに停滞しているということである。

2016年8月末、ドイツのシグマール・ガブリエル副首相兼経済・エネルギー相は、「これは自由貿易の話ではなく、協定でさえありません。これは基本的に、米国と欧州連合の経済エリート間の、国民の意思に反する連中の権益を守るための取引です」とTTIPを評し、交渉は本質的に失敗したと断じた。2013年から始まっているTTIP交渉は、ヨーロッパ市民社会の激しい抵抗を受けてきた。人々は米国基準の食

品の流入や、水道などの公共サービスの民営化などに反対し、そしてISDS（投資家対国家紛争解決手続き）によってヨーロッパの主権が脅かされると声をあげてきた。

一方、米国が含まれないメガFTAであるRCEPも停滞している。2013年5月から始まったRCEP交渉は、ASEAN 10ヵ国（ブルネイ、ミャンマー、カンボジア、インドネシア、ラオス、マレーシア、フィリピン、シンガポール、タイ、ベトナム）と、ASEANと自由貿易協定（FTA）を締結している中国、インド、日本、韓国、オーストラリア、ニュージーランドの計16ヵ国による自由貿易協定である。TPPの経済規模は3100兆円（世界貿易の約4割）、8億人の市場であるのに対し、RCEPは約2000兆円（世界貿易の約3割）、人口では世界全体の約半分の34億人もの広域経済圏となる。

交渉分野は広く、モノとサービスの貿易から、投資、知的所有権、食の安心・安全、電子商取引、中小企業、経済的・技術的な協力など合計15分野と言われるが、2017年3月の時点で大筋合意に至った分野はわずか二つだけである。

2016年9月1日、TTIPの停滞がはっきりわかった直後、日中韓とASEANは、「2016年内」としてきたRCEPの大筋合意の目標期限を先送りすると決めた。

日本とEUの間の経済連携協定も同じである。2013年3月に始まった同交渉は、妥結すれば世界貿易の約3割を占める規模を持つメガFTA協定だ。米国大統領選の前から、日本とEUそれぞれの政府は交渉の加速をめざし、一度は2016年中の大筋合意も目標にされたものの結局は越年。今後の妥結の目途は立っていない状況である。

新サービス貿易協定（TiSA）についても、交渉開始は2013年と他のメガFTAとほぼ同時期だが、日本も参加しているにもかかわらずほとんど報道もなされないため、国民的な関心はあまりにも低い。参加国は日本、米国、オーストラリア、カナダ、メキシコ、そしてEU、韓国、トルコ、パキスタンなど合わせて22ヵ国とEU（欧州連合）で

あり、EU各国を1国とすれば50ヵ国にもなる。TPPより参加国も多く、また日米、EUが参加しているため経済規模も非常に大きい。TPP交渉参加国12ヵ国のうち8ヵ国はTiSAに参加している（参加していないのはマレーシア、ブルネイ、シンガポール、ベトナム）。

　TiSAの始まりは1995年のWTO設立時のサービス貿易一般協定（GATS）にまで遡る。1990年代半ばまでの世界の貿易は、モノの貿易の割合が圧倒的に多かった。したがって、国と国との貿易交渉において主要な議題となったのは、モノの関税削減である。自動車しかり、牛肉やオレンジしかり、現在のTPP交渉の中でいえば農産物や自動車の関税の議論がそれである。しかし、経済のグローバル化に伴い、形ある「モノ」だけでなく「サービス」が貿易に占める割合が増加していく。

　こうした流れを受け1995年、WTO発足に伴って、世界で初めてのサービス貿易に関する多国間協定が発効された。「サービス貿易に関する一般協定（GATS）」と呼ばれる協定であり、WTO加盟国が批准している。国際的な貿易の流れ（特に先進国にとって）は、これを起点としてモノからサービスへと本格的に移行していく。しかし、WTOが漂流していく過程で、米国は日本、EUを中心にいくつかの国を誘ってTiSAを提起する。つまり、TiSAとはGATSに再び息を吹き込んだ末に誕生したメガFTAなのである。交渉から4年近くがたっても、妥結の道は見えないTiSAだが、TPP崩壊の後に国際市民社会が最も警戒しているのがこのTiSAである。TPPを推進してきた米国のグローバル企業は100社近くあるが、そのほとんどがTiSAの推進企業と重なっている。こうした企業は、TPPにかけてきた「経済的・政治的コスト」をTiSAで取り戻そうといわんばかりの勢いでロビー活動を強化している。TiSAの交渉は、ほとんどの場合ジュネーブでなされるため、TPPのように参加国の市民社会が毎回交渉会合の場に集まりデモなどの行動を起こす機会も少なく、この数年間、粛々と交渉が進められてきた。しかし、やはり妥結の目途は立っていないのが現

状である。

　ドミノ現象のように起こるこれら協定の停滞・頓挫は、「メガFTA時代の終焉の始まり」を私たちに示唆する。なぜメガFTA協定は妥結できないのだろうか。私のような自由貿易批判論者からだけでなく、政府や国会議員、財界からも、そろそろ「6年以上もメガFTAにかけてきた経済的・政治的コスト」がまったく回収できていない、という観点からのとらえ返しが必要なのではないだろうか。

5　妥結ができない理由

　メガFTAが妥結・発効できない個別の理由は当然あるが、大きな背景として各協定がリンクしながら自由化水準を高める装置として機能していることがある。各交渉経過から見えるメガFTAの「困難」は、主に次のように整理できる。

①貿易協定が関税中心だった「貿易」の枠組みを超え、サービスや金融、投資の自由化、それに伴う国内制度改革を強いる「ルール」へとシフトし、交渉範囲が非常に広くなっている。

②交渉参加国の経済発展段階や規模には大きな差があり、先進国と多国籍大企業が求める強い自由化ルールにすべての国が合意できない。特に途上国を含む場合、公衆衛生（医薬品アクセスを含む）や公共サービス、国有企業などの分野での対立が鮮明となる。

③先進国もこれまでの自由貿易推進に伴い国内産業が空洞化し雇用が海外へと流出。格差も広がっている。そのことのとらえ返しとしての自由貿易批判が各国で生じている。

④既存の投資家対国家紛争解決（ISDS）の非民主性・不公平性が、どの貿易協定でも市民社会から厳しく批判されている。

⑤民主主義に反する秘密交渉についても、市民社会も国会議員からも批判が起こっている。しかも、ビジネス界は交渉内容にアクセスできる一方で、市民社会の多様なステークホルダーには秘密という非対称性への不満が高まっている。

第 1 章　メガ FTA の現実

　それぞれの論点のうち、まず多くのメガ FTA 交渉の中で、最も対立が激しい分野となっているものの一つが、医薬品アクセス問題である。TPP でも、RCEP でも、グローバルにビジネスを展開する大手製薬企業が求める医薬品特許権のさらなる保護強化が交渉の中で提案され、それに対して経済規模も小さく貧困層も多い途上国やジェネリック医薬品の製造国であるインドなどが対立しているという構図である。ここに、メガ FTA が妥結できない本質的な理由を見ることができよう。

　2015 年 10 月、米国の知財関連 NGO である KEI（Knowledge Ecology International）が RCEP のリーク文書を公表した。ここでは日本と韓国が TPP と同水準の特許保護を主張していることがわかった。

　日韓の提案の問題は大きく二点あり、一つは医薬品の特許期間の延長である。提案では、製薬会社が持つ薬の特許期間を現行の 20 年よりさらに 5 年間延長できるとある。これによって特許をもつ先発医薬品メーカーは薬価をより長く高いまま設定することができるが、逆にジェネリック医薬品をつくれる時期は先延ばしにされてしまう。もう一つは、薬の登録に必要な臨床試験データの保護規定だ。提案では、製薬会社は 5 年間、臨床試験データを独占できるとある。特許が切れた後にジェネリック薬を製造したい場合、メーカーは薬の登録をするのだが、その際に必要な臨床試験データが開発メーカーによって独占されていれば、自分たちで一から臨床試験を行いデータを集めるしかない。しかし、そこには膨大なコストがかかるため現実的には難しい。したがって、この「データ保護規定」は事実上、ジェネリック医薬品製造を妨げる条項となる。これは、TPP と同水準の規定であり、また WTO の TRIPS（知的所有権の貿易関連の側面に関する）協定で定められた特許の保護規定よりも強いものである。

　これに強く抵抗しているのは、インドおよび ASEAN 諸国である。インドは世界有数のジェネリック医薬品製造国であり、「途上国の薬局」とも呼ばれている。インド独立の父マハトマ・ガンジーは、「独

立国家であるためには、医薬品を自国で調達できなければならない」という思想のもと、ジェネリック医薬品産業を国策として保護育成してきた。インドはWTO時代から知的所有権強化に反対し、医薬品アクセスの必要性を訴えてきた国の一つである。「国境なき医師団」によれば、現在もインド製の安価なジェネリック版HIV治療薬によって、世界で1700万人もが治療を受けられているという。また同団体がHIV、結核、マラリアの患者の治療のため購入する全医薬品の3分の2は、インド製のジェネリック医薬品だ。

　もし日韓の提案がRCEPで実現してしまえば、インドでのジェネリック薬製造は困難となり、それに頼る世界中の人々に深刻な打撃を与えかねない。すでに、1995年のTRIPS協定によって製造が難しくなっている中で知財保護が強化されれば、特にラオス、カンボジア、ミャンマーの後発開発途上国（LDC）に深刻な被害が及ぶだろう。中所得国にも被害は及ぶ。例えば、マレーシア政府は、インド製ジェネリック薬を購入し、国内のHIV陽性の患者に無料提供している。エイズ治療薬に限らず、薬剤耐性結核やウイルス性肝炎、非感染性疾患、薬剤耐性など、新たな公衆衛生対策に不可欠なジェネリック薬とワクチンを、インドのジェネリック医薬品産業が製造してくれることを世界は期待している。これらのすべてにRCEPは関係し、アジアそしてRCEPに参加していない国にまでも、連鎖的に影響する危険がある。

　過去数十年の自由貿易促進の中で、先進国の強大なグローバル企業の意向に沿って知的財産は強化されてきた。ジョゼフ・E・スティグリッツ教授は、「TRIPS協定は、先進国政府と大手製薬企業のためのものであり、途上国の人々への『死刑宣告』だ」と指摘している。16ヵ国の経済指標には大きな開きがある。中国、日本などの経済大国をはじめオーストラリア、韓国などの先進国が含まれる一方、最も貧しい後発開発途上国（LDC）やインドネシア、フィリピンなどの中所得国も参加する。LDCとは、国連経済社会理事会が所得水準、健康や就学率、経済的脆弱性などを基準に定義する国々で、現在、世界で48ヵ

国が該当する。RCEP 参加国の中ではラオス、カンボジア、ミャンマーだ。例えばラオスでは、1日1.90ドル未満（年間約7万6000円）で生活する「絶対的貧困層」は、全人口650万人のうち過半数もいるといわれる。内陸国で山岳面積が70％以上、メコン川が交通・物流の主な手段であり、水道や道路、保健・教育などの整備もこれからだ。こうした国と、日本など先進国との経済格差はあまりに大きい。医薬品アクセスにせよ、国有企業分野、政府調達分野にせよ、これらの差異を考慮せずに、一律のルールを定めることは現実的に無理であることが、TPPの崩壊でも明らかになっている。

6　知的財産分野での「農民の種子の権利」への危機

　もう一つ、知的財産分野における「種子」の問題に、参加国、とりわけアジアや中南米の小農民たちが強い懸念を示している。

　「緑の革命」以降、アジアや中南米全体に種子企業が進出し、農民たちはその種を購入するように変容させられてきた。しかし、それでもアジアの小農民の多くは、自ら種子を保存し、自由に交換し、異なる種子をかけあわせ、次の作付けをするという長い伝統を守り伝えている。実際には、種子企業はアジア市場へのさらなる参入を狙っている状態だ。

　RCEP 交渉のリーク文書によれば、日本と韓国が「1991年植物の新品種の保護に関する国際条約（UPOV 1991年条約）」の批准を参加国に義務づけようと提案している。同条約は、植物の新品種を「育成者権」という知的財産権として保護することを可能にする。1991年版の条約署名国・組織は52のみで（日本は1982年に署名）、決して大半の国が署名しているわけではない。現在、世界の種子市場の6割以上がモンサントなどの大企業6社によって占められているが、UPOV 1991年条約はそうした企業の利益に即した条約であり、企業による種子の私有化を認め、農民に経済的負担を強いるとして、中南米はじめ途上国の農民からは「モンサント条約」と批判され続けている。TPP の知

的財産権章でも同条約の批准が義務付けられており、やはり TPP の内容が RCEP に持ち込まれた事例である。

　この条約の下、種子が特許で保護されてしまえば、農民は企業に特許使用料を支払わなければならない。外部供給への依存度が高まり、食料の安定供給や食料主権も脅かされることにもつながる。何よりもこの「私有化」は、アジア地域が共通にもつ「共有」（コモンズ）という概念に反し、また現時点での農民たちの現実世界とはかけ離れた制度の導入となる。

　一方、日本においても種子をめぐってはこの問題と通底する事態が起きつつある。

　2016 年秋、規制改革会議は唐突に日本の「主要作物種子法（種子法）」の廃止を決め、2017 年 4 月の国会では審議も不十分なまま衆参両院で可決されてしまった。1952 年に制定された種子法は、稲、麦、大豆の種子の生産と普及を国や都道府県に義務付け、優良な種子の供給などに重要な役割を果たしてきた。民間企業への参入も措置されているものの、民間企業がこの分野への参入へ消極的だったのは、育種にかかる長期間の開発コストが採算ベースに合わないことが主因とされている。今回の法律廃止は、ここに道を開くことにつながり、民間企業（外資系企業も含む）の参入によって種子の価格が上昇し、「種子の私有化」につながりかねない。知的所有権との関係でいえば、国民の税金で培ったノウハウや育種素材による種子であっても、一部の大企業が育成者権や知的所有権を取得すれば、その後は「私有化」された種子を農民は延々と買い続けることになる。種子は食料主権を確保するための基本であるが、貿易協定によるだけでなく、国内における種々の規制緩和政策によって（むしろそれらが一体となって）進められていることには他分野も含め十分に留意していかなければならない。

7　電子商取引
―人権としての個人情報か、企業のためのビッグデータか―

　もう一つ、メガFTA協定の中で大きな論点となっている分野が、電子商取引である。ここにも各国の持つ制度や、それを生み出してきた思想や実践の経験が、自由貿易協定の中で一元化されようとしており、それに対して大きな抵抗が生まれ、交渉が進展しないという姿を見ることができる。

　TPPやTiSA、日EU経済連携、そしてRCEPにも電子商取引章は含まれている。グーグルやフェイスブックなどのインターネット関連企業や、ソフトウェア開発企業、ドローン開発やAirbnb（エアビーアンドビー）やUber（ウーバー）などのいわゆるシェア・エコノミーを牽引する企業、そしてアマゾンなど流通、クレジット決済会社（金融）、そしてIoT（Things to Internet）に関連するあらゆる企業や自治体、NPOなど、今日・未来のビジネスシーンはこれら企業を抜きにしては考えられない。これらはすべて米国が国策として育ててきた業種であり、すなわち米国が今後の生き残りをかけて世界中で発展させていくべきとの方針のもと動く企業群である。その意味で、現在のメガFTAの主要な分野は、これらITや知的財産分野であり、農産物の関税問題などはむしろ後景にあるというのが正しい理解であろう。

　こうした企業にとって不可欠なものは顧客のデータである。貿易協定においては、企業がある国で収集した膨大な顧客データを、他国の支社や関連企業に自由に移転できるかどうかが焦点となる。TPPでは多くの章で米国型のルールが採用されたが、電子商取引についても同様で、一部を除いて基本的には「越境データの自由」が規定された。つまり企業は顧客のデータを自由に国境を越えて送信できることになる。

　しかし、米国とEUの間での貿易交渉の中では、また日本とEUの経済連携協定の中では、この問題は深刻な対立を生み出している。EU

にはかつての大戦におけるナチス・ドイツによるユダヤ人虐殺に対する深い反省があり、その文脈の中で、「個人情報は人権であり、絶対に侵してはならない」という強い思想がある。これに基づいて、EUでは1995年、「個人データの取扱いに係る個人の保護及び当該データの自由な移動に関する欧州議会及び理事会の指令」（「EUデータ保護指令」）を採択。1998年までに各国の個人情報保護制度に指令を反映させるよう求めた。この第25条で、EU加盟国から域外の第三国への個人データ移転規定を設けた。これによれば、個人データの保護に関する措置が、EUデータ保護指令の水準を満たしていない第三国やその国の企業には個人データを移転してはならない（いわゆる「十分性認定」）とある。つまり、EU基準にあてはまる個人情報保護法をもっていない国にはデータ越境を許さないということだ。当然、米国も日本もその基準には到達していない。

とはいえ2000年、米国商務省とEUが締結した「セーフハーバー協定」に基づき、米国商務省が認定した米国企業には、EU域内から米国に個人データの移転を認定している。グーグル、アマゾン、facebookなどのIT大企業をはじめ、約4400社が同協定を使ってデータ移転をしてきた。十分性認定はないものの、現実のビジネスにも一定の許容をしてきたという形だ。ところが、2013年、米中央情報局（CIA）元職員のエドワード・スノーデン氏が、Facebookのアイルランド子会社の持つ個人情報を米当局が大規模に監視していた実態を暴露すると、EU市民社会で一気に米国企業への批判が沸騰する。大きなデモも起こり、米国型の利潤追求のビジネスによって、EUの思想が踏みにじられるという、根本的な批判が次々と現れる。この流れは、米国との間の既存のセーフハーバー協定を問題視するだけにとどまらず、2015年10月、欧州司法裁判所は「セーフハーバー協定を無効とする」と判断、EUは米国に個人データのより強い保護を求めた。その結果、2016年2月、EU域内から米国への個人情報の移転を巡る新協定「EU－米国間の個人情報移転に関する新協定：プライバシーシールド」（EU-U.S.

Privacy Shield）が基本合意し、7月に発効した。ここでは米企業の個人情報保護を巡る米商務省の監督強化や、米企業による欧州ユーザーの個人情報の米国への移動の条件として、米国より厳しい規準の個人情報の取り扱いを義務化、米国内のサーバーに保存された欧州市民の個人情報を米国政府の監視・諜報活動に提供しないことなどが定められている。そしてこれらの経緯もふまえ、最終的にEUはいま、個人データ保護法の範囲をさらに拡張しようとしている。EU一般データ保護規則（GDPR）（2018年5月25日施行）だ。個人の権利の強化や企業への説明責任の導入、制裁と執行の増大が目的だ。

　これまでTPPやTTIP、日EU経済連携協定の中で議論されてきたような電子商取引分野での提案では、当然EUの個人情報保護規定は真っ向から対立する。もし協定を妥結しようとするなら、EU基準を受け入れるか、あるいは貿易協定の中から電子商取引分野を完全に除外するしか方法がない。いずれも、米国や日本などIT産業に力を入れたい政府にとっては難しい選択であろう。しかし、この対立はすでに避けがたい難問として、事実メガFTA妥結を阻む大きな要因となっているのである。

8　ISDSと途上国

　TPPでも主権を奪う大問題と批判されたISDSも、その他のメガFTAの投資章に提案されている。ISDSとは、投資先国の政策や法制度の変更によって「当初予定していた利益」が損なわれたと投資家がみなした場合、相手国政府を訴え、勝訴すれば多額の賠償金を得られる投資家保護のしくみだ（第4章参照）。環境破壊や先住民族の強制移住を引き起こした大規模開発を、政府が差し止めた直後に、大企業から訴訟を起こされたケース（エクアドルやペルー）、料金高騰や水質悪化のため水道の民営化契約を継続しなかったためグローバル水道企業から訴えられたケース（アルゼンチンやボリビア）など、世界の訴訟事例は年々増加している。

投資家と国家の紛争それ自体をなくすことはできないため、何らかの解決制度は必要だ。しかし、エクアドルのようにISDSによる賠償額が国家予算の3分の1にまで至り、教育や貧困対策予算をカットせざるを得ない国が出現する中で、現状のISDSのあり方が国際的にも強く問われている。

9　公共サービスの市場化への警戒―EU市民社会―

　EU市民社会において、自由貿易への懸念が一部の知識人や活動家が伝える問題から、一気に市民や消費者にまで拡大したきっかけは、「食の安心・安全」の分野だった。「米国からの塩素付けチキン」の輸入がTTIPで認められてしまうという具体的な事例を前に、EU市民は心の底から脅威を抱いた。町には小さな子どもを持つ親や、養鶏農家、レストランのシェフなどが「塩素チキンはいらない！」とのデモンストレーションを行い、その輪は水道民営化など公共サービスの市場化や、個人情報を守るEU法が侵害される危険というように次々と広がり、ベルリンだけで20万人、ウィーンで15万人、という規模のデモが行われている。こうした声はEU議会へも届けられ、とうとうTTIPをこれ以上の交渉の目途が立たないほどのところまで追いつめたのだ。

　もう一つ、EU市民社会を中心に自由貿易の推進に最大の警戒が払われている分野の一つが、公共サービスの民営化・市場化である。具体的には、水道サービス民営化への懸念である。実は、ヨーロッパにおける民営水道の歴史は古い。スエズやヴェオリアなど多国籍水道企業もフランスの企業であることが示すように、フランスでは従来から公共からの受託という形での民間水道事業が育成され、ヨーロッパでは19世紀半ばまで多くの自治体で民間の水道事業者によるサービス提供がなされていた。世界の民営化は1990年代に進んだが、ヨーロッパでは逆に民営化の後に公営化され、そしてさらにそれが現在の自由貿易推進の中で再び民営化されるような状態だ。

　こうした状況の中で、2000年以降、水道のような公共サービスが民

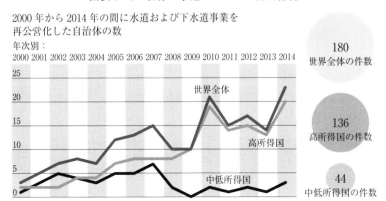

図表1-3　世界の水道サービスの再公営化

（出所：「HERE TO STAY 世界的趨勢になった水道事業の再公営化」Trans National institute）

営化されることによって、大きな問題が生じてきた。パリ市では民営化によって逆に水質は悪化し、料金も高騰し、「民間がやった方が効率的でサービスも向上する」という謳い文句はまったく実現しなかった。こうした現実を受け、住民は地方議会などに働きかけ、自治体と企業との契約の継続を破棄するよう運動を続けた。こうした「水道再公営化」の動きは、実は2000年代に入って世界各地で次々と起こっている[5]（図表1-3）。

　TTIPやTiSAというメガFTAにおいて、水道事業も「越境サービス貿易」に含まれている。各国政府がネガティブリストによって水道事業を協定の対象から除外しておかない限り、基本的には非関税障壁は撤廃され、再度水道民営化の波が地域住民に押し寄せることになる。その際に住民が危惧しているのは、投資家対国家紛争解決（ISDS）による投資家からの提訴である。仮に貿易・投資協定を結んでいる状態で、上記のように民営化契約などを破棄すれば、投資家から提訴されるリスクは当然生じる。実際、アルゼンチンのブエノスアイレス市では水道の民間委託契約を更新しなかったことで、企業に提訴されると

---

[5]　「世界的趨勢になった水道事業の再公営化」Trans National Institute, https://www.tni.org/sites/www.tni.org/files/download/heretostay-jp.pdf

いうケースも存在した。人々は、住民の暮らしの根幹である公共サービスを誰がどのように担うのかという選択権が、民主主義に基づく自分たちの意思から遠いところで踏みにじられてしまう危険に対し抵抗を続けている。

10　自由貿易協定・多国籍企業にNOを突き付ける世界の自治体の力

　トランプ大統領の出現以来、世界中に「保護主義」が蔓延していると、マスメディアはいう。確かに、ヨーロッパでは移民問題や「テロ」の脅威からEUそして各国政府は内向き（場合によっては極端な排外主義まで）の政党・政策が支持されている傾向がある。欧米のこうした流れに、世界各国も影響を受けている側面もあろう。

　しかし前述したように、「保護主義か、自由貿易か」という論点は、半ば自由貿易推進者によって意図的に立てられていると、私は思っている。事実、私たちの暮らしの中でのグローバル化は一向に止まることはなく、それどころか日本政府による国内の規制緩和はTPPが頓挫して以降も粛々と進められているからだ。世界で自由貿易を推進しようとしている先進国政府や多国籍大企業にとっては、これまで以上の自由貿易推進とグローバルな規制緩和を実行するにあたり、トランプ大統領の登場は大変に都合の良いことなのだ。「保護主義がいいのか？」「便利で豊かな暮らしをあきらめるのか？」と語り続ければ、人々の中には自然と「自由貿易がいい」という観念を植え付けることができるからだ。

　そんな自由貿易推進者たちにとって、この数年で表れている「やっかいな現象」が、世界のあちこちで起こる自治体による「叛乱」であろう。一つひとつは本当に小さな事例だが、これら自治体の挑戦はインターネットを通じて世界中に拡散され、そして他の自治体や住民たちの目を開かせるほどの力を持つ。自由貿易の本当の目的と脅威を気づかせ、そして対案を提示するためにこれほど恰好な実践例はないだ

ろう。

　本書は日本の自治体関係者や研究者の方々を中心に読まれることを想定し、ヨーロッパでの事例を紹介しよう。

⑴　カナダとEUの貿易協定に反対したベルギーのワロン地域

　EUがカナダとの間で交渉を続けてきた「EUカナダ包括的経済貿易協定（CETA）」もまた、TPPやTTIPと同様、両者の間の関税撤廃や規制緩和、ISDSを埋め込むことでさらなる自由化と投資家や大企業にとってのルールづくりがなされるとして、市民社会から激しく抵抗されてきた。

　2016年10月、協定の妥結直前、ベルギー南部のワロン地域政府がCETAに明確に反対を表明、欧州理事会の署名承認を阻むことになった。この事実はEUとカナダ両者に大きな衝撃を与え、慌てた両政府は何とかワロン地域政府の「説得」にあたることになる。10月21日、カナダのフリーランド国際貿易相がワロン地域の首府ナミュールをわざわざ訪問し、署名承認に向けた説得交渉に当たったが、同地域政府のマニェット首相との協議は不調に終わる。EU側の署名には、全28加盟国の承認が必要だが、ベルギーはワロンを含む地域政府の同意なしには国家として承認できない仕組みになっている（ベルギー連邦政府自身はCETAに賛成）。

　ワロン地域政府がCETAに反対したのはなぜか。一つは交渉の秘密性である。またISDSが含まれていることも理由だ。ワロン地域のマニェット首相は再三、EU側から協定への妥結を求められ、EU高官たちからも激しい圧力を受けてきたが、「最後通牒を受け入れることは、この民主的権利の実現と相容れない」として反対を貫いた。もちろん、ワロン地域は民主主義という理念だけで反対したわけではない。同地域は約100万頭の牛を飼育し、カナダからの無関税の酪農品の輸入は耐えられないという判断もあった。

　結局、欧州議会は2017年2月にCETAの承認までこぎつけ、今後、

協定発効に向け当事国や権限を持つ地域政府の議会（ワロン地域含む）での批准手続きへと段階を進めた。興味深いのは、ワロン地域政府が問いかけた問題は、2017年になってEUの通商交渉全体の根幹を見直す一大提起となっていることだ。EUの自由貿易協定（FTA）交渉が民主的に行われているかどうかをめぐって、有識者らの議論が起きているのだ。ワロン地域政府はCETAに反対する際に、交渉における民主的な手続きの尊重や、加盟国議会の一層の関与を求める宣言を出したのだが、これをきっかけにEU議会を含め賛否両論の議論が巻き起こっている。EUではTTIP交渉においても、秘密主義への批判が非常に高く、米国よりも情報公開が進んできた。ISDSの「改良版」を策定することになったのも、市民社会からの強い反発があったからだ。もちろん日本との経済連携協定の交渉でも、日本政府よりも情報公開の量は多い。しかし、それではまったく「不十分」だとして、さらなる情報公開と市民参加を市民が求めているというのがEUの現状だ。日本の状況と比べるとはるかに先を行っていると考えてよいだろう。

(2) TTIPを阻止してきたEU自治体の力

ワロン地域に限らず、EUにおける各国・各自治体の力は非常に大きい。TTIPとCETA、TiSAなどEUが参加する自由貿易協定に対して、EU市民社会は「CETA・TTIPからのフリー・ゾーン宣言」（CETA AND TTIP-FREE ZONES IN EUROPE）という運動を立ち上げ、各自治体あるいは地方議会の参加を呼び掛けてきた。[6] 2016年4月21日には「バルセロナ宣言」[7]と呼ばれる、自治体政府による自由貿易協定への反対表明を提起。ここに多くの自治体が賛同していくことになる。バルセロナ宣言の要旨を抜粋する。

「秘密協定の利益のために透明性を犠牲にしてはならない。地方自治体

---

6 https://www.ttip-free-zones.eu/
7 https://www.ttip-free-zones.eu/node/70

および地域政府は、交渉における不可欠な要素として役割を果たさなければならない。今日、ヨーロッパは岐路に直面している。EUが経験している危機には、政治的な解決策が必要だ。つまり欧州は、連帯そして自由と正義の尊重という価値を政策の中心に置かなければならない。(中略) 欧州は、自由貿易を拡大するだけでなく、社会的・経済的・環境的な側面、そして雇用の権利を強化することによって経済を支えていくべきである。

　我々は、自治体が公的資金（公共調達を含む）を措置し運用していく能力が、これらの貿易協定によって脅かされることを強く懸念している。具体的には、住宅、公衆衛生、環境、社会保障、教育、地方経済振興、食の安心など、人々を支援するための基本的な分野について、我々自治体に求められる課題である。

　我々はまた、これらの協定が実質的に政治的範囲を縮小し、公共の選択を制約することによって、民主主義の原則を危険にさらすという事実にも懸念している。貿易協定の一連の措置が実施されれば、投資家国家紛争解決（ISDS）や国際裁判制度（ICS）、TTIPにおける「規制協力」などによって地方自治体における民主主義は重大な影響を被ることになる。また政府調達や公共サービスの規制の変更もなされることになる。

　我々は選挙で選ばれた代表者として、議論や意思決定の場としての地域社会や民主的機関を守り、市民の財産、環境保護、中小企業や地域経済を支える公共政策を強化することが我々の責務であると考える。(後略)』
(バルセロナ宣言から一部を筆者が訳)

この輪は急速に広がり、2016年9月の段階で実に2331もの自治体が反対表明をしている。日本でも一度、全国ほぼ8割以上の地方議会が「TPP反対」の決議を行ったが、残念ながら自民党政権に戻った後はそれら地方自治体からの声は見えにくくなった。一方、EUの2000以上もの自治体は、自国の政権やEU全体の政策がいかに変わろうとも、自由貿易の波から住民の暮らしと地域経済を守り続けようとしてきた。私たちはこの実践から深く学ばなければならないだろう。

11　持続可能で公正な貿易をめざす国際市民社会の取り組み

　メガFTAはなぜ行き詰っているのか。WTO以降に世界中に張り巡らされた貿易協定は、確かに無理と矛盾の中で停滞している。その要因は、これまで見てきた通り、多様性と多元性にあふれた各国の独自のありようを一つの物差しに合わせようとしたことにある。とりわけ、投資の自由化や各国の規制緩和によってグローバルなサプライチェーンをつくり、さらに利潤を得ようとする大企業や投資家の意向と、それを受けた先進国政府の意図がそこにはある。私たちは、自由貿易協定に反対するとき、これら大企業や投資家の利潤追求をもって批判をするが、しかし私たちが日常の暮らしの中で、便利さや経済的な豊かさ、日本という国一国の経済成長という神話を求め続ける限り、私たちもまたグローバル企業の動きに加担してしまうのだという点に、改めて気づく必要がある。

　国際市民社会はWTO設立以降から、自由貿易に対する抵抗運動を続けてきているが、その流れの中で、特にメガFTA時代が行き詰る中で、自由貿易への対案としての様々な取り組みを強めてきている。

　貿易そのものを否定することはできない。しかし、WTOもメガFTAも矛盾と限界を露わにする中、世界は確実に次の貿易体制を模索せざるを得ない状況まで来ている。ならばこれらの課題を解決しつつ、公正で公平な貿易のフォーマットをつくることこそが求められている。

　途上国は自由化を受け入れグローバル経済に適応したいと思う一方で、国内の貧困削減や医薬品アクセス、公共サービスの充実という社会開発的なゴールも目指さねばならない。この両者が対立的になっているために交渉も進まないのだ。発展段階に応じた関税率や保護政策、社会開発的な課題を解決するようなインセンティブを貿易協定の中に埋め込めないものかと常に考える。国連ミレニアム開発ゴール（SGDs）の達成を可能にするような貿易のあり方である。

　様々な思想的・実践的取り組みは各国にてすでに行われている。米

国では NGO のトップランナーたちがスティグリッツやバーンスタインなどの経済学者とともに雇用や環境、公衆衛生などの価値を調和させる「新しい貿易ルール」を政策化する取り組みを大統領選前から始めている。途上国側には WTO を改革し多角的交渉を求める主張もある。ヨーロッパでは ISDS の問題点を改良し、少しだけましな制度として導入し始めたところだ。インドは ISDS を含む投資協定を再交渉し、外国企業も各国の国内裁判所だけに訴訟を提起するよう改正することにした。どれも試行錯誤の途中であるが、少なくとも TPP 型の貿易ルールは、もはやどの国も受け入れ難い協定であることは確かだ。米国の TPP 離脱をめぐる経験から学ぶとしたら、その点であろう。

　「経済（エコノミー）」の語源はギリシャ語の「オイコノミア」で、「オイコス（家）」＋「ノモス（法、ルール）」である。ここには、家族や仲間、国や地域などの共同体のあり方を将来にわたり考えるという意味も含むという。つまり、経済とは自分だけの幸せを追求するだけではなく、「どのように生きたら世の中のみんなそして将来世代が幸せになれるか」を考えることに他ならない。この原点に立ち戻れば、人々を不安にさせ苦しめる装置としての経済や貿易ではなく、人々を幸せにするルールこそが今求められている。

第2章
米韓FTAその現実

郭　洋春

はじめに

　2011年11月22日、韓国は国会本会議場で催涙弾が飛び交う中、米韓FTA批准案が強行採決され可決された。[1]米韓両国政府が批准してから実に4年の月日が流れた中での結果である。この異様な事態で発効してから5年、米韓FTAは果たして韓国社会にどのような影響を及ぼしたのか。日本と同じように国論を二分し、強行採決までして発効させた米韓FTAは、韓国政府が主張したように経済厚生はよくなったのか。

　本稿は米韓FTA発効から5年が経った韓国社会を改めて鳥瞰することにより、その功罪について検討することを目的とする。あわせて、TPPが漂流した後、米国との間で二国間交渉を求められるであろう日本の将来をも展望する。

1　米韓FTAの仕組み

　米韓FTAは全22章からなっている（図表2-1）。その内容を見ると、TPPのテキストに実によく似ている。米韓FTAが「ミニTPP」と呼ばれるゆえんだ。注目すべきは農業分野を独立した章として扱っている点だ。農業分野がセンシティブであり、両国の間で厳しい話し合いがされた結果が反映されている。

　また、この図表から読み取れることは、関税に関する章は、第2～

---

[1]　本会議では批准案とともに14の米韓FTA実施法案も処理された。また、発効したのは、2012年3月15日である。

図表 2-1　米韓 FTA 協定内容

第 1 章	冒頭規定・定義	第 12 章	越境サービス貿易
第 2 章	商品に対する内国民待遇及び市場アクセス	第 13 章	金融サービス
		第 14 章	電気通信
第 3 章	農業	第 15 章	電子商取引
第 4 章	繊維及び衣類	第 16 章	競争関連事案
第 5 章	医薬品及び医療機器	第 17 章	政府調達
第 6 章	原産地規則・原産手続	第 18 章	知的財産権
第 7 章	税関行政及び貿易円滑化	第 19 章	労働
第 8 章	衛生植物検疫措置（SPS）	第 20 条	環境
第 9 章	貿易の技術的障壁（TBT）	第 21 章	透明性
第 10 章	貿易救済	第 22 章	総則規定・紛争解決
第 11 章	投資	その他	

（出所：米韓 FTA 協定文より作成）

4 章だけで、残りの章は非関税分野に関する協定ということだ。FTA（TPP）を議論する際に、ややもすると陥りがちな誤りは、FTA は関税撤廃に関する協定で、工業製品（輸出品）には有利で農業製品のみ被害を受け、GDP がプラスになるか否かが賛否の中心的対立点になるという見方だ。現に日本政府が二度にわたって試算した TPP の経済効果はそれぞれ 3.2 兆円（2012 年）、13.6 兆円（2015 年）と、いかに GDP に寄与するかを中心に計算されている。しかし、米国が推し進める自由貿易協定の真の狙いは、経済効果だけではない。その国の社会全体をアメリカ企業が跋扈できる状態、すなわち法律・制度、習慣をアメリカ的なそれに変えることに真の狙いがある。現に、米韓 FTA の発想者と言われている元世界銀行総裁ロバート・ゼーリックは、米韓 FTA の目的は、韓国の制度・法律をアメリカ式に変えることだと明言したと言われている。

従って、米韓 FTA の問題を検討しようとするなら、どれだけの経済効果があるかで判断するのではなく、協定に盛り込まれた条項によって一国の経済社会がどのように変容する可能性があるのか、それによって従来の生活様式がどのように変わる可能性があるのかという視

2　TPP を慎重に考える会『韓米 FTA 動向調査報告書』2012 年 2 月 19・20 日、3 頁

点から見るべきである。

　では、米韓FTAにはどのような条項が盛り込まれたのか。いくつかの条項についてみていくことにする。

(1)　未来最恵国待遇

　米韓FTA第12章9条には、「既存のものであるのか、未来のものであるかに関係なく第1章に言及された有形の協定または、約定の当事者のどちらか一方の当事国は、他方の当事国が関心がある場合、他方の当事国に自国とそのような協定、または約定の加入を交渉するか、それに相応する協定または約定を交渉できる十分な機会を付与する。」ということが記載されている。かなり複雑な言い回しであるが、簡単に言うと、韓国が他国とFTAを締結した内容がアメリカにとって関心がある内容（より自由化のレベルが高い内容）を含んでいる場合、アメリカにもその内容を適用すべく交渉する権限を与えるというものだ。

　これにより、アメリカは今後韓国が締結する他国とのFTAの内容を当事者として取り入れることができ、さらに自由度の高いFTAを担保することができることになる。米国は何もせず、より有利な自由貿易協定を将来にわたって保証されたのだ。

(2)　ラチェット（Ratchet）条項

　ラチェット条項は第11章、第12章、第13章に含まれている。ラチェットとは「(逆進)歯止め」という意味で、自由化の程度を低下させない場合に限って修正させることができることを規定したものだ。要するに、現在の自由化の水準を下げない範囲での見直ししか認めないというもので、事実上見直しをできなくさせる条項だ。

(3)　スナップバック（Snap-back）条項

　スナップバックとは「かみつく」という意味だ。これは第22章「総則規定・紛争解決」の中に盛り込まれている。

具体的には自動車分野で韓国が協定に違反したか、米国内に韓国車が大量に輸出され、米国車の販売・流通に深刻な影響を及ぼすと米企業が判断した場合、米の自動車輸入関税2.5％の撤廃を無効にするというものだ。

ここで注意しなければならないのは、このスナップバック条項が適用されるのは、米国の自動車産業のみで、韓国の自動車産業が被害を受けても適用されない片務的条項ということだ。

(4) ISD（Investor-State Dispute Settlement）条項

ISD条項は第11章「投資」の章に盛り込まれている。ISDとは「投資家対国家紛争解決手続き」のことだ。これは、例えば韓国に投資したアメリカ企業が、韓国の政策や制度などによって損害を被った場合、世界銀行傘下の国際投資紛争仲裁センターに提訴できるというものだ。要するに、企業が国家を訴えることができるというものだ。これだけを聞くと、企業は進出国の政策や制度によって自由な経済活動が困難になった場合、訴えることができるので投資家保護という観点から良い条項と見ることができる。

しかし、問題はその乱用にある。その懸念が顕在化したのが、1994年に締結されたNAFTA（North American Free Trade Agreement：北米自由貿易協定）の下で、アメリカ企業がカナダ政府を訴えた事例だ。この事例は米国の廃棄物処理業者が、カナダで処理をした廃棄物PCB（Poly Chlorinated Biphenyl：ポリ塩化ビフェニル）[3]を米国に輸送しリサイクルする計画を立てたところ、カナダ政府が環境上の理由から米国への廃棄物の輸出を一定期間禁止した。これに対し、米国の廃棄物処理業者はISD条項に則ってカナダ政府を提訴し、カナダ政府は823万ドルの賠償を支払わなければならなくなったという事例だ。毒性のある廃棄物を輸送禁止にしたことに対し、米国企業は自由な経

---

3 PCBは、生体に対する毒性が高く、脂肪組織に蓄積しやすく、発癌性があり、また皮膚障害、内臓障害、ホルモン異常を引き起こすと言われている。

済活動を侵害されたとして訴えたのだ。こうした米国企業によるISD条項の乱用が懸念されている。

現に後述するように、韓国でも米韓FTA発効直後、ISD条項による提訴が起きている。

(5) 非違反提訴（Non-Violation Complaint）

非違反提訴とは、文字通り違反していなくても訴えることができるというものだ。具体的には、米韓FTA協定に基づく義務に違反の場合はもちろん、米韓FTA義務に違反していない場合でも、米韓FTAの規定に基づいて合理的に期待できる利益が無効化または侵害された場合、紛争解決の場に提訴することが認められるという規定だ。この合理的に期待できる利益とは、当該企業が進出先で企業活動を行なう際、当然得られたであろう利益のことで、何ら客観的数字ではない。

要するに、利益が得られなかった責任を企業自らの経営努力のなさに求めるのではなく、相手国社会の制度・法律・慣習などのせいにしようというものだ。

(6) 間接接収

第11章第6条第1項には「いかなる当事国も次を除いて適用対象投資を直接的に接収や国有化と同等な措置を通して間接的に接収したり国有化することはできない。」としている。これは公共の利益のために、私有財産が脅かされることはあってはならないというものだ。

要するに、政府が行った個人資産の接収が、たとえ公共の利益のためであったとしても、それが投資家にとって著しく経済的損失を被ったと判断されれば、「間接接収」と見なされる。

この考え方は、日本はもちろん、韓国の憲法では認められていない。韓国の憲法では、たとえ個人財産であっても、公共の利益に合致しなければならないとして、公共の利益の方が個人財産より上にあると規定している。

この「間接接収」の根拠となっているのが、アメリカの憲法だ。アメリカの憲法には、「私有財産は、正当な補償なしに公用として接収されない」となっている。

まだほかにも様々な問題点が含まれているが、これだけ見ても米韓FTAには、一国の経済社会構造を変容させる内容が盛り込まれていることがわかる。これらは前述したように関税問題ではなく非関税問題だ。ひいては、その国の文化・歴史・伝統に関わる問題なのである。従って、米国とのFTAは、経済効果だけで議論してはならない。

2　米韓FTAに伴う法律の改正

前節では、米韓FTAに盛り込まれた条項の問題点について述べた。本節では、それとは別に米韓FTAによって韓国が改正した法律について見ていく。韓国では23件の法律、16件の施行令、18件の施行規則、9件の告示・例規等66の法律が改正された（現在では70以上が改正された）（図表2-2）。

その中には、関税法（著作権侵害物品通関保留制度）、税務士法（外国の税理士資格を有する者の国内事務所設立許容）、郵便法（国家独占郵便事業範囲縮小）、商標法（声・匂い商標の認定）、薬事法（許可・特許連係通報制度の導入）などのような法律まで含まれている。

大仰に言えば、韓国社会全体にわたる法律の改正が米韓FTAの発効とともに行われたということだ。これらはすべて米国企業が韓国社会で「自由な経済活動」を行うためになされた措置だ。一方、米国は国内法を改正したのは一件もない。これこそまさに、米韓FTAが不平等条約と言われるゆえんである。

これだけではない。地方の自治体条例も危機に直面している。2012年1月26日、ソウル特別市は市と区の自治区条例など30件の自治法規が、米韓FTAに抵触すると発表した（図表2-3）。そのうちの8件は、その上位法令が米韓FTAに違反する可能性があり、自治体条例の安定的な運用のため、韓国政府に対策を要請すると明らかにした。

第2章 米韓FTA その現実

図表2-2 韓米FTAにより変更された韓国の法制度

法　律

法制度名	完了日	主要内容
関税法（改定）	07.12.31 公布	著作権侵害物品通関保留制度
税務士法（改定）	11. 6.30 公布	外国人税理士の国内事務所設立許容（1段階）
自由貿易協定の履行のための関税法特例に関する法律（改定）	11.12. 2 公布	特別緊急関税賦課除外対象
個別消費税法（改正）	11.12. 2 公布	乗用車に対する税率調整
犯罪収益隠匿の規制および処罰などに関する法律（改定）	08.12.19 公布	著作財産権侵害を重大犯罪として規定
外国法諮問士法（制定、改定）	09. 3.25 公布（1段階） 11. 4. 5 公布（2段階）	外国法諮問法律事務所設立許容（1段階） 国内法律事務所と共同事務処理許容（2段階）
地方税法（改定）	11.12. 2 公布	非営業用乗用車の税率引き下げ
行政手続法（改定）	11.12. 2 公布	法令立法予告期間の延長
著作権法（改定）	11.12. 2 公布	著作物の公正利用制度、 法廷損害賠償制度の導入
不公正貿易行為調査及び産業被害救済に関する法律（改定）	08. 3.21 公布	FTA締結国にセーフガード適用の排除
対外貿易法（改定）	09. 4.22 公布	企業に資料提出要求の根拠を用意
郵便法（改定）	11.12. 2 公布	国家独占郵便事業の範囲縮小
郵便局預金・保険に関する法律（改定）	11.12. 2 公布	郵便局保険の新設禁止
特許法（改定）	11.12. 2 公布	特許権の存続期間延長の根拠
実用新案法（改定）	11.12. 2 公布	実用新案権の存続期間延長の根拠
デザイン保護法（改定）	11.12. 2 公布	秘密維持命令制度の導入
商標法（改定）	11.12. 2 公布	声・匂い商標の認定
不正競争防止および営業秘密保護に関する法律（改定）	11.12. 2 公布	秘密維持命令制度の導入
薬事法（改定）	11.12. 2 公布	許可・特許の連係通報制度の導入
電気通信事業法（改定）	10. 3.22 公布	電気通信サービスの再販売許容
電波法（改定）	10. 7.23 公布	情報通信機器認証機関の指定基準
独占規制および公正取引に関する法律（改定）	11.12. 2 公布	同意議決制の導入
公認会計士法（改定）	11. 6.30 公布	外国人会計士の国内事務所設立許容（1段階） 国内会計法人に投資を許容（2段階）

施行令

法制度名	完了日	主要内容
関税法施行令（改定）	08. 2.22公布	著作権侵害物品取り締まり強化関連細部事項
税務士法施行令（改定）	11. 6.30公布	外国人税理士（法人）の国内登録に関する細部手続
自由貿易協定の履行のための関税法特例に関する法律施行令（改定）	11.12. 2公布	米国産輸入物品に適用される協定税率
特定調達のための国家を当事者とする契約に関する法律施行令の特例規定（改定）	11.12. 2公布	特定調達契約の対象としての政府機関の規定
外国法諮問士法施行令（改定）	09. 8. 5公布	外国法諮問士の資格承認および設立認可、申請手続および提出書類
著作権法施行令（改定）	11.12. 2公布	標準的技術措置の具体化、複製・伝送者情報提供請求手続
対外貿易法施行令（改定）	09.11. 2公布	貿易に関する条約履行のための企業に資料提出の要求方法
不公正貿易行為調査および産業被害救済に関する法律施行令（改定）	11.12. 2公布	自動車セーフガードの関連事項
郵便法施行令（改定）	11.12. 2公布	国家独占の郵便サービスの例外拡大
特許法施行令（改定）	11.12. 2公布	特許権存続期間の延長理由の具体的明示
実用新案法施行令（改定）	11.12. 2公布	実用新案権の存続期間延長理由の具体的明示
商標法施行令（改定）	11.12. 2公布	声・匂い等、非典型商標の公報
特許権等の登録令（制定）	11.12. 2公布	特許権等の存続期間延長関連の細部事項
放送法施行令（改定）	11.12. 2公布	外国製作物の1ヵ国編成比率の制限緩和
公認会計士法施行令（改定）	11. 6.30公布	外国公認会計士（法人）の国内登録関連の細部手続
法制業務運営規定（改定）	11.10.27公布	法令立法予告期間の延長に伴う期間短縮の際、協議対象の変更

施行規則

法制度名	完了日	主要内容
税務士法施行規則（改定）	11. 6.30公布	外国人税理士（法人）の国内登録関連の書式
自由貿易協定の履行のための関税法特例に関する法律施行規則（改定）	11.12. 2公布	米国産輸入物品の原産地調査方法
外国法諮問士法施行規則（制定）	11. 5. 6公布	外国法諮問士資格承認および設立認可の申請手数料金額
著作権法施行規則（改定）	11.12. 2公布	排他的権利に対する登録申込書式新設

電気用品安全管理法施行規則（改定）	11.12. 1 公布	適合性評価機関の内国民としての待遇
郵便法施行規則（改定）	11.12. 2 公布	国家独占郵便事業の範囲縮小関連の委任事項
郵便局預金・保険に関する法律施行規則（改定）	11.12. 2 公布	郵便局保険種類の修正範囲
特許法施行規則（改定）	11.12. 2 公布	特許権存続期間延長関連の手続および書式
実用新案法施行規則（改定）	11.12. 2 公布	実用新案権存続期間延長関連の手続および書式
商標法施行規則（改定）	11.12. 2 公布	声・匂い等非典型商標の出願書記載事項
特許権等の登録令施行規則（制定）	11.12. 2 公布	特許権等存続期間延長の登録方法、非典型商標の出願書記載事項
特許料等の徴収規則（改定）	11.12. 2 公布	特許権・実用新案権の存続期間延長時の手数料
医療機器法施行規則（改定）	11.11.25 公布	中古医療機器の国内流通・輸入管理体系の改善
薬事法施行規則（改定）	11.12. 2 公布	許可－特許連係制度の通報条項関連の細部事項
国民健康保険療養給与の基準に関する規則（改定）	11.12. 2 公布	医薬品、医療機器の保険登載・価格算定関連の独立的検討手続
大気環境保全法施行規則（改定）	11.12. 2 公布	国内自動車の販売量による平均排出基準の差別適用
自動車安全基準に関する規則（改定）	11. 6.28 公布	国家間FTAによる自動車安全基準の適用
公認会計士法施行規則（改定）	11. 6.30 公布	外国公認会計士（法人）の国内登録関連の書式

発効後に変更済み又は変更見込の法制度

法制度名	主要内容	現況
税務士法（改定）	国内税務法人に投資を許容（2段階の開放）	発効後5年以内 ＊期改定法律の追加改定
外国法諮問士法（改定）	合作事業体の設立許容（3段階の開放）	発効後5年以内 ＊期改定法律の追加改定
農業協同組合法（改定）	分野別協同組合（農協・水産・信協・セマウル金庫）の保険販売関連の支給能力事案に対して金融委が規制監督権を行使	発効後3年以内 完了（11.3.31 恐怖）
水産業協同組合法（改定）		発効後3年以内
セマウル金庫法（改定）		発効後3年以内
信用協同組合法（改定）		発効後3年以内
薬事法（改定）	許可・特許連係の市販防止制度の導入	発効後3年以内 ＊期改定法律の追加改定
電気通信事業法（改定）	基幹通信事業者に対する外国人持分の制限緩和（間接投資100%許容）	発効後2年以内 ＊期改定法律の追加改定

第Ⅰ部　メガFTAの政治と経済

放送法（改定）	登録PP（放送チャネル使用事業者）に対する外国人間接投資の制限廃止（100％許容）	発効後3年以内

（出所：ソン・キホ「韓米FTA履行4年目の韓国の変化」第1回東北アジア通商専門家交流会（2015.11.14～17. 東京））

図表2-3　ソウル市の自治法規と衝突の可能性のあるFTA条項

1　類型A

上位の法令が米韓FTAと衝突の可能性があり自治体条例の安定的な運用のため、政府に対策を要請する必要がある。

	市条例	条文	意　見	関連部署
1	ソウル市流通業共生協力及び小商工人支援と流通紛争に関する条例	第5条	条例として大型流通業者に規模、時期、場所等の協力を要請することは、国内上位法律には違反しないが、SSMに対する規制、条件を課すことはFTAの市場接近条項に違反の恐れがある。	創業・小商工人課
2	ソウル市江南区流通共生発展及び伝統商業保存区域指定に関する条例	第14条	条例として伝統商業保存地域を指定し、大型流通店舗の開設を制限することは、国内上位法律には違反しないが、SSMに対する規制、条件を課すことはFTAの市場接近条項に違反の恐れがある。	江南区
3	ソウル市九老区伝統商業保存区域指定及び大型店舗登録制限に関する条例	第11条他2	同上	九老区
4	ソウル市衿川区流通共生発展及び伝統商業保存区域指定に関する条例	同上	同上	衿川区
5	ソウル市松波区流通共生発展及び伝統商業保存区域指定に関する条例	第15条他2	同上	松波区
6	ソウル市鐘路区流通共生発展及び伝統商業保存区域指定に関する条例	第13条他2	同上	鐘路区
7	ソウル市建設新技術活用促進に関する条例	第10条	この条例は新技術の優先的な適応を定めた建設技術管理法施行令によって適法だが、新技術を理由として類似外国の技術に対し、事実上優遇していることからFTAの内国民待遇条項に違反の恐れがある。	技術審査官
8	ソウル市社会的企業育成に関する条例	第9条	上位法律である、社会的企業育成法に定めている社会的企業の物品・サ	雇用政策課

| | | | ービス等を優先的に調達する規定が事実上国内企業を意味することからFTAの商品販売においての内国民待遇条項に違反の恐れがある。 | |

2 類型 B

相手国または投資家からFTA違反との紛争が発生する恐れのある条例8件に対して、条例の適法性を証明できる資料を蓄積しておく必要がある。TBT（Technical Barriers to Trade、貿易に対する技術障壁に関する協定）遵守違反の備えである。

	市条例	条文	意　見	関連部署
1	ソウル市親環境無償給食等支援に関する条例	第2条	条例に遺伝子組み換え食材を使用しないこととの規定がTBTに違反するとの紛争が発生する恐れがある。しかし、遺伝子組み換え食材が父兄らにおいてその拒否感が広範囲に広がっていること、学校給食に限定されていることからその正当性を主張する資料を蓄積しておく必要がある。	教育格差解消課
2	ソウル市陽川区学校給食に関する条例	第2条	同上	陽川区
3	ソウル市江西区親環境給食に関する条例	第5条他2	同上	江西区
4	ソウル市銅雀区新環境給食に関する条例	第1条	同上	銅雀区
5	ソウル市松波区流通共生発展及び伝統商業保存区域指定に関する条例	第15条他2	同上	松波区
6	ソウル市鐘路区流通共生発展及び伝統商業保存区域指定に関する条例	第13条他2	同上	鐘路区
7	ソウル市建設新技術活用促進に関する条例	第10条	この条例は新技術の優先的な適応を定めた建設技術管理法施行令によって適法だが、新技術を理由として類似外国の技術に対し、事実上優遇していることからFTAの内国民待遇条項に違反の恐れがある。	技術審査官
8	ソウル市社会的企業育成に関する条例	第9条	上位法律である、社会的企業育成法に定めている社会的企業の物品・サービス等を優先的に調達する規定が事実上国内企業を意味することからFTAの商品販売においての内国民待遇条項に違反の恐れがある。	雇用政策課

第Ⅰ部　メガFTAの政治と経済

3　類型C

　ソウル市の自治法規自体が韓米FTA違反ではないが、自治法規に基づいた具体的な処分の特性上、FTA違反との問題が提起される可能性の高い11件については、その運用に注意を注がなければならない。

	市条例	条文	意　見	関連部署
1	ソウル市共有財産及び物品管理条例施行規則	第11条、16条、他4	条例の許認可要件として恣意的な基準により寄付採納を提示し、結果的に類似事案に差別的な寄付採納を提示した場合、これは公正的・公平的な待遇基準に違反することになる恐れがある。寄付採納協議によって許認可が遅延される場合、投資家は許認可遅延が寄付採納によって発生したと主張する余地があり、寄付採納運用指針を対外的に規範化し、投資家が予測できるようにする必要がある。	共有財産課
2	ソウル市水再生施設設置及び管理に関する条例	第12条	同上	水再生施設課
3	ソウル市立体育施設の設置及び運営に関する条例	第20条	同上	体育振興課
4	ソウル市都市計画条例	第21条	同上	都市計画課
5	ソウル市都市計画条例施行規則	第8条	開発許可基準に明白な違反に当たる土地であることを判断する場合、合理的な根拠なき、恣意的に審議手続が必要ないと判断した場合、投資家は公正的・公平的な待遇に対する違反と提訴する可能性がある。	都市計画課
6	ソウル市補助金管理条例		条例は違反にならないが、具体的個別的な補助金支給において、国内産の販売、流通、使用等に補助金を支給した場合、外国産との差別として違反になる可能性がある。	予算担当官
7	ソウル市道路及び河川編入未不要地補償規則	第2条	条例は違反にならないが、具体的個別的な事案において、道路等の提供過程が事実上、非自発的と主張し、間接的収用と主張する可能性がある。	
8	ソウル市地下道商店街管理条例	第11条他3	条例は違反にならないが、公共の目的による契約解消の過程において、投資家が間接的収用と主張する可能性がある。	道路行政課
9	ソウル市集団エネルギー供給事業の施行及び業務委託に関する条例	第3条、第8条	受託機関に対し「業務上必要な命令」をし、受託機関に「効率的な処理のために必要と認められる事項」	環境政策課

| 10 | ソウル市自然環境保存条例 | 第10条 | 生態系保存地域において新改築等の規制は間接収容に当たるといえないが、具体的な許認可過程において政策目標の達成との比例性を失った場合は、間接収用になる可能性がある。 | グリーン都市政策課 |
| 11 | ソウル市旅客運輸事業の財政支援及び限定免許等に関する条例 | 第3条、第12-14条 | 免許基準と手続の処分において公正・公平な待遇違反の問題が生じる恐れがある。 | バス管理課 |

4　類型 D

自治法規自体が米韓 FTA に非合致または、法規に問題点がある3件に対しては、改正の必要がある。

	市条例	条文	意　　見	関連部署
1	ソウル市立職業専門学校の設置及び運営に関する条例施行規則	第15条	条例には市の政策変更により委託を継続出来ない場合、解約理由になっているが、これは包括的、抽象的なものであり個別的、具体的な基準を設け、規定をより予測可能なものにする必要がある。	雇用政策課
2	ソウル市都市及び住居環境整備条例	第22条、46条	寄付採納者が容積率緩和のため、寄付したことを反映する文言に改正する必要がある。	住居再生課
3	ソウル市衿川区親環境商品購買促進に関する条例	第10条	管内企業という表現が韓国企業のみ指す誤解を招くため、「企業」または「当該企業」に改正が必要である。	衿川区

(出所：ソウル市韓米 FTA 対策機構資料)

　上位法令とは、①流通産業発展法（日本の大規模小売店舗法に該当）、②建設技術管理法、③社会的企業育成法のことだ。

　また、重大であるといわれている8つの条例とは、1)「ソウル特別市流通業共生協力、および小商工人支援と流通紛争に関する条例」、2)「ソウル特別市江南区流通企業共生発展、および伝統商業保存区域指定等に関する条例」、3)「ソウル特別市九老区伝統商業保存区域指定、および大規模・準大規模店舗の登録制限等に関する条例」、4)「ソウル特別市衿川区流通企業共生発展、および伝統商業保存区域指定等に関する条例」、5)「ソウル特別市松波区伝統商業保存区域指定、および

大規模・準大規模店舗の登録制限等に関する条例」、6)「ソウル特別市鍾路区流通企業共生発展、および伝統商業保存区域指定等に関する条例」、7)「ソウル特別市建設新技術活用促進に関する条例施行規則」、8)「ソウル特別市社会的企業育成に関する条例」だ。

残りの22件については、相手国、または投資家から、米韓FTA違反との訴えが発生する恐れのある条例が8件あり、これは条例の適法性を証明できる資料を蓄積しておく対応をとる必要があるという。特に、「貿易に対する技術障壁」遵守違反に対する備えとして準備するとのことだ。

さらに、米韓FTA違反ではないが、自治法規に基づいた具体的な処分の特性上、米韓FTA違反との問題が提起される可能性の高いものも11件あるという。またソウル市の自治法規自体が、米韓FTAと整合性が取れておらず、法規に問題点がある3件については、改正の必要があるという。

これらの条例は、韓国の経済社会発展のために、ソウル市が、長年にわたって発効・施行してきたものだ。しかし、米韓FTAによって進出してくるアメリカの企業にとっては、米韓FTA違反に該当することになる。

特に、学校給食に遺伝子組み換え食品を使ってはならないとする条例が、米韓FTA違反に当たるというソウル市の発表は衝撃的だ。子どもの健康を考えてソウル市が制定した条例が、アメリカ企業の自由な経済活動の邪魔になるから変えなければならないからだ。アメリカの食品関連産業にとって学校給食という市場は莫大な利益を生む市場である。

そのためには、たとえ韓国人の子どもの健康が害されることがあっても構わないということだ。青少年の健全な育成のために施行されたソウル市の条例が企業の論理によって覆され、次世代に悪影響をおよぼす可能性があるだけではなく、ソウル市（並びに区）が長年にわたって議論・制定した法律＝地方自治が侵されてしまうということだ。米

韓FTAとは、正に将来世代へも禍根を残す自由貿易協定なのだ。[4]

3　米韓FTA発効後の韓国社会

　本節では、米韓FTAを締結した韓国社会で起きた様々な経済・社会現象を取り上げ、それが国民生活にどのような影響を及ぼしたのかについてみていくことにする（図表2-4）。

(1)　保険事業への公然とした介入

　米韓FTA発効直前の2012年1月4日、韓国政府は突然郵便局保険の加入限度額引き上げ案を撤回した。ことの発端は、韓国の郵便局が生命保険加入者が死亡後に家族が受け取る保険加入限度額を4000万ウォンから6000万ウォンに引き上げ、年金保険加入者が一年間に受け取る年金額を900万ウォンから1500万ウォンに引き上げようとしたところ、それが米韓FTAの透明性条項（第21章）に背く可能性があると

図表2-4　米韓FTA発効後の韓国社会

2012年1月	郵便局保険の加入限度額引き上げ
2月	多国籍法律事務所・マクダーモット・ウィル・アンド・エメリー・ソウル事務所開設
3月	米国商務省、三星電子・LG電子の冷蔵庫に反ダンピング関税賦課
4月	経済自由区での自由診療許可
5月	マイクロソフト社、国防部に賠償請求
6月	BSE発生したが、十分な調査できず輸入継続
10月	保健福祉部、経済自由区域内で営利病院開設のための施行規則を公布
11月	ローンスター、ISD発動
2013年1月	中小企業IT育成政策にブレーキ
2月	韓国版エコカー減税制度、2年間延期
4月	農林畜産食品部、韓牛とその子牛を被害補填支援対象品目に認定
2014年7月	2015年からコメ市場開放
12月	「流通産業発展法」違法判決
2015年3月	改正薬事法
2016年5月	ローンスターISD訴訟第1回審理

（資料：筆者作成）

4　郭洋春『TPP　すぐそこに迫る亡国の罠』三交社、2013年、165〜167頁

第Ⅰ部　メガFTAの政治と経済

して駐韓アメリカ商工会議所が抗議書簡を郵政事業本部に送ったことにある。その書簡には、国営保険の加入限度を高めれば民間保険市場が萎縮するという理由で、郵便局保険加入限度引き上げに反対すると書かれていた。⁵その結果、郵政事業本部は法令改正を撤回することになった。多くの韓国民が利用する郵便保険で、国民にさらに多くの恩恵を与えるために法改正を試みた制度改正が、まだ発効されていない米韓FTAによって頓挫した。これは民間企業の利益のために政府の公共政策が制限された事例として韓国社会に大きな衝撃を与えた。

(2)　懸念が顕在化したBSE問題

韓国内で米韓FTAに反対した人々の主張の一つが、安全な牛肉を輸入することができるのかどうかということだった。例えば、韓国とカナダが締結したカナダ産牛肉の輸入条件は、30ヵ月未満の牛肉と規定している。これはWTO交渉で合意されている衛生検疫措置に該当する内容だ。しかし、米国産牛肉の輸入衛生条件は、米韓FTA協定文附則2項では30ヵ月以上の米国産牛肉も安全性を認めて輸入を許可している。

ただし、韓国の消費者の信頼が回復されるまでは、過渡期間（During this transition period）として30ヵ月以上の牛肉は送り返すと規定している。一方で、生命と健康を保護する衛生検疫措置に該当しなければ、米韓FTAで禁止する自主的輸出制限である非関税障壁にあたり適用することはできない。現在、米国が運営している30ヵ月未満の米国産牛肉を韓国に輸出するための品質システム評価プログラム（Quality System Assessment Program：QSA）は、衛生検疫制度ではなく米国輸出業者の自発的参加を前提とした自主的輸出制限措置であり、韓国が30ヵ月以上の米国産牛肉を輸入禁止しているのは、衛生検疫措置ではなく輸出業者の同意を前提とした非関税障壁に該当することになる。

要するに現在の米国産牛肉輸入制限は、韓国が主導した制限措置で

5　이혜은「우체국보험 가입한도액 인상 보류」『KiRi Weekly 국내금융 뉴스』2012.1.9.24～25頁

はなく、米国の輸出業者による輸出自主規制ということであり、何らかの衛生検疫等による科学的検査に基づく措置ではないということだ。

　こうした懸念の中、米農務省は2012年4月24日、カリフォルニア州の月齢30ヵ月以上の乳牛1頭で牛海綿状脳症（BSE）の感染が確認されたと発表した。これに対し韓国の野党・民主統合党、統合進歩党（当時）や市民団体等は、米国産牛肉のBSE憂慮が現実になったとし、直ちに米国産牛肉の輸入を中断すべきだと主張した。これには与党セヌリ党（当時）議員の一部や大統領府関係者ですら、検疫中断を通じて米国産牛肉の国内流通を事実上中断すべきだという意見が出るほどであった。

　これに対し、農林水産食品部の徐圭竜長官（当時）は、米国から届いた第1次資料を検討した上で検疫の中止はないという政府の立場を明らかにした。

　韓国政府が米国産牛肉の輸入中止に踏み切れなかった理由は、米国産牛肉の輸入中断措置を下すには、国際獣疫事務局（OIE）が米国でBSE発生のリスクが高まっていることを公式に認め、米国によるBSE統制ランクを引き下げなければならないからだ。これは、米韓輸入牛肉衛生条件の第5条に明記された規定である。そのため、実際に検疫を中止した場合、米国と通商摩擦が発生する恐れがある。米国が韓国の検疫中止措置に対してWTOに提訴した場合、韓国が敗れる可能性が高いということだ。要するに、今回のBSE問題を巡って、輸入禁止にするだけの科学的根拠がないということだ。特に、今回のBSEがえさを通じて感染する従来型ではなく、まれに自然発生する「非定型」と呼ばれる（新型の）BSEだからだ。

　一方、米国産牛肉の安全性を確認するために渡米した韓国政府の現地調査団が、BSE感染牛が発見された農場への訪問を果たせないまま帰国の途に着くことになったことも大きな問題を引き起こした。農場への訪問が出来なかった理由は、農場の主人が農場への立入りを拒否している以上、米農務省も私有財産であることを理由に、調査団の農

場訪問を否定したためである。
　これでは今後同様の事態が起きた際も、韓国はBSE問題を正確に調査することができないことを意味する。これは韓国内にBSE感染牛が入っているかもしれないという国民不安をあおることになる。

(3) 早々に発動されたISD条項
　2012年11月、アメリカのヘッジファンド・ローンスターが韓国政府を相手取ってISD訴訟を起こした。
　ローンスター側は、韓国政府が2005年ローンスター関連企業に不適切な税務調査を行って圧力を加えただけではなく、HSBCに外換銀行を売却しようとした時、韓国政府がわざと承認を遅らせ数十億ユーロ（2兆ウォン台と推算）の損害をこうむった、というものだ。これに対して韓国政府は「国内法および国際法規により透明で差別なく処理した」と主張した。
　今回のISD訴訟の主な争点は①韓国金融当局がローンスターの外換銀行持株売却承認を不当に遅延させたのかどうか、②外換銀行・スタータワー売却収益4兆7000億ウォンに対する3932億ウォンの課税適合性は妥当かということだ。
　2015年5月15日に米ワシントンの国際投資紛争解決センター（ICSID：International Centre for Settlement of Investment Disputes）で第1回審理が始まった。6月29日から10日間にわたり行われた2回目の審理では、ローンスターに課された各種税金が正当だったかをめぐり激突した。
　この審理の問題点は、韓国政府の政策的考慮の正当性を認めないという点だ。投資家の資産価値減少が投資協定に違反するのかだけを見るため、韓国政府が不利になるとの見通しも出ている[6]。正に企業の利益を守るための措置がISD条項なのだ。

6　『中央日報』2015年5月18日

図表2-5　ローンスターと韓国政府との争点

争　　点	ローンスター	韓国政府
金融当局の持株売却承認遅延等により2兆ウォン台の損害が出たかどうか	「2005年ローンスター関連の企業に税務調査等韓国政府が圧力行使したのは不当である」 「2007～2008年のHSBCに株式売却当時、韓国政府が承認を遅らせた結果、利益が損なわれた」	「国内法及び国際法規に従って、透明かつ差別なく処理しており、正当な対応である」
外換銀行及びスタータワー売却に対する法人税賦課により3932億ウォン相当の損害が出たかどうか	「恣意的課税であり、不当である」 「韓国・ベルギー二重課税防止協定により、ベルギーに株式譲渡収益税を納付すれば、韓国に税金を納める必要はない」 「2008年にローンスターコリアは撤収しており韓国に固定事業所はない」	「適法な課税である」 「ベルギーにあるローンスターの子会社は徴税回避のためのペーパーカンパニーであり、二重課税防止協定の適用外である」 「ローンスターの関係者が国内で勤務している以上固定事業所と見なければならない」

(出所：『中央日報』2012年8月6日付より作成)

(4) 公共政策をねじ曲げるアメリカ企業

　韓国政府は、温室効果ガスである二酸化炭素（CO_2）の排出量が多い自動車に負担金を課すなどの制度を2013年7月に導入することを計画していた。しかし、米国の自動車業界などが、同国の自動車はCO_2排出量の多い大型車が中心で不利な扱いを受けるとして「米韓FTAに違反する」と反発した結果、韓国政府は制度の導入を2015年に遅らせた。

　この制度は低炭素車協力金制度という。CO_2の排出量が少ない自動車を購入すると最大300万ウォンの補助金を交付し、排出量が多い自動車の場合は逆に最大300万ウォンの負担金を課するというものだ。

　韓国政府は2009年に導入を宣言、2012年2月に「2013年7月の導入」を決定していた。米国の大手自動車メーカーでつくる同国自動車政策会議は2012年8月、同制度は「米韓FTAが禁止する『貿易の技術的障壁』に当たる可能性がある」との意見書を韓国政府に提出。技術的にすぐには対応できず、韓国に輸出する自動車のほとんどが負担

金の対象になるとみたからだ。韓国の輸入自動車販売会社でつくる協議会も歩調を合わせて同8月、「15年まで猶予が必要」と韓国政府に要請していた。[7]

韓国輸入自動車協会が2012年8月に環境部長官宛てに送った「低炭素車協力金制度に対する意見」という内部文書では、米韓FTA違反であると主張した。

さらに「韓国政府が米韓FTAに基づいて両当事国が合意した議事録を性急且つ露骨に無視するこの制度案を継続考慮することは深刻な問題を惹き起こす」とも記されていた。[8] こうした反対意見の結果、韓国政府は2020年まで、同制度の導入を凍結すると発表した。

(5) FTA締結後初の直払金支給

農林畜産食品部は2013年4月29日、米韓FTAで価格が急落した韓牛とその小牛を被害補填支援対象品目に選定したと明らかにした。これは被害補填直払金制度によるもので、自由貿易協定の履行により国産農産物の価格が基準価格より下がった場合、下落分の90%を補填する制度だ。

直払金支援対象になるためには、輸入量が過去5年平均より増え、国産の牛肉価格が過去5年平均の90%以下に下がらなければならない。米韓FTAで2012年の牛肉輸入量は過去5年平均より15.6%増え、特に米国産牛肉の輸入量は基準より53.6%増えた。価格面でも韓牛は5年平均価格より1.3%、小牛は24.6%下がった。

これについて農林畜産食品部は農家に直払金を支援して、韓牛飼育を中断した農家には廃業支援金を支給した。廃業支援金は自由貿易協定で被害を受けた農家が廃業をすれば、過去3年間の純収益を支援する制度だ。[9] 韓国は、2003年にチリとの間で初めてのFTAを締結した

---

7 『日本農業新聞』2013年2月15日
8 『ハンギョレ新聞』2013年2月7日
9 『ハンギョレ新聞』2013年4月30日

が、この制度が適用されたのは今回が初めてだ。いかに米韓FTAが韓国の農業に大きな打撃を与えたかがよく分かる事例だ。

(6) コメ市場の開放

2014年7月18日、韓国政府はコメ市場の全面開放（関税化）を公式に宣言した。これにより2015年1月1日から続いていた1986～88年度の国内外価格差程度に設定された関税を納付すれば、誰でもコメを輸入し販売できるようになった。

韓国政府は「関税化を引き延ばし20年間にわたり最小市場接近方式にともなう義務輸入物量（MMA）を導入したが、その量がこれ以上は消化し難いほど多くなった」として「高い関税を賦課してコメを守る」と答え、「コメの関税化以外には方法がないという結論に達し、この部分について異議を提起する人はいない。これが韓国農業発展のための道だと信じる」と強調した。[10]

これは米韓FTAでコメは例外品目としてきた内容が事実上破棄されたことを意味する。協定で合意したから大丈夫ということはあり得ないということを証明した事例である。

さらに韓国に深刻な状況を与えるのが、トランプ政権の誕生だ。2017年1月20日に大統領に就任したとトランプ政権は、ロイター通信へのインタビューで米韓FTAはおぞましい（horrible）協定だとし、再交渉するか廃棄することを望むと発言した。さらに就任100日目を迎えた4月29日には、米韓FTAをはじめ米国が結んだ20の貿易協定すべてを再検討する行政命令に署名した。これにより米韓FTAが再交渉される可能性が高まった。

トランプ政権が米韓FTAの見直し・廃止を主張する通商政策上の背景としては、米国の対韓国貿易赤字の増大だ。米国税調査局の調査によると、米韓FTA発効前の2011年には米国の対韓国貿易赤字は132億ドルだったのが、2016年には277億ドルへと実に2倍以上に増加し

---

10 『ハンギョレ新聞』2014年7月18日

ている。

 さらに中国、日本と並んで韓国を「為替操作国」として名指しで批判している以上、これら3ヵ国のうち唯一FTAを締結している韓国に協定内容の見直し・廃止を迫ってくるのはほぼ間違いないだろう。

 しかし、今まで見てきたように、米韓FTAにより韓国は自国の制度・法律などを大幅に改正してきた。それにもかかわらず、貿易収支が米国の期待にそぐわないと再交渉・廃止を求めるトランプ政権の姿勢は、韓国にとって大きな脅威となるであろう。

むすびにかえて

 今まで見てきたように、米韓FTAの最大の問題は、アメリカ企業が韓国内で自由な経済活動ができるように、法律・制度・習慣を変えてしまうことにある。言い換えれば、アメリカ企業はあたかも韓国が自国と同じ法制度で自由な経済活動ができるということだ。これは韓国の主権が脅かされることを意味する。これに対し、米韓FTA発効直前に、韓国の現職の裁判官が米国との自由貿易協定の国会批准を批判する書き込みをインターネットなどで相次いで記し、波紋を広げたほどだ。ソウル市の大法院（最高裁判所に相当）で開かれた全国裁判所長会議では同問題に関する対応が争点となった。

 仁川地裁の裁判官は、裁判所の内部掲示板に「韓米FTAは司法主権を侵害する不平等な条約の懸念があるため、司法が対応すべき」とする書き込みをした。同裁判官は自身の意見に同意するコメントが100を超えるとし、大法院長に請願書を提出すると言明。1日足らずで約120人の裁判官がコメントを付けたそうだ。[11]

 法の番人である裁判官が、米韓FTAは司法主権が侵害されるとして懸念を表明したのだ。いかに米韓FTAが問題な協定かがわかるであろう。

 これは米韓FTAに限ったものではない。米国と締結する二国間協

---

11 『連合ニュース』2011年12月2日

定には常にこの懸念がつきまとう。もし日本が日米二国間交渉を行なう場合も同様だ。ましてや American First を主張するトランプ政権ならなおさらだ。米韓 FTA は日本にそのことを教えてくれる貴重な経験である。

参考文献
- 郭洋春『TPP　すぐそこに迫る亡国の罠』三交社、2013 年
- 宋基昊著／金哲洙・姜暻求訳『恐怖の契約　米韓 FTA』農文協ブックレット、2012 年
- 原中勝征／TPP 阻止国民会議編著『私たちはなぜ TPP に反対するのか』祥伝社、2014 年 4 月
- 『現代農業』2012 年 6 月号、農文協
- 『現代農業』2012 年 7 月号、農文協
- 『現代日本』2012 年 3 月号
- 『農業と経済』2013 年 9 月号、昭和堂
- 『大阪保険医雑誌』2013 年 8・9 月号、大阪府保険医協会
- 『文化連情報』2013 年 8 月号、日本文化厚生農業協同組合連合会
- 『文化連情報』2013 年 9 月号、日本文化厚生農業協同組合連合会
- 『文化連情報』2016 年 6 月号、日本文化厚生農業協同組合連合会
- 『月刊 NOSAI VOL.65』2013 年 6 月号、公益社団法人全国農業共済協会
- 『月刊 NOSAI VOL.65』2013 年 10 月号、公益社団法人全国農業共済協会

第3章
TPP・FTA 推進の政治経済学と地方自治

岡田知弘

はじめに

　アメリカのトランプ大統領は、就任直後の 2017 年 1 月 23 日、公約通り TPP 交渉から永久に離脱することを指示する大統領令に署名した。同令を踏まえて、同月 30 日、同国通商代表部は TPP 交渉事務局のニュージーランド政府に対して、TPP 離脱を通告した。これによって、TPP の発効は極めて厳しい局面になった。

　ただし、トランプ大統領は、決して「内向きの政策」に純化しているわけではない。むしろ、アメリカ企業の利益をさらに大きくするために、1 対 11 ヵ国の交渉では譲歩しすぎているとし、1 対 1 の二国間交渉でより多くの実益を得ようという姿勢である。実際、トランプ政権は、NAFTA（北米自由貿易協定）の再交渉を皮切りに、二国間協定の見直しに着手したのに続き、2017 年 2 月 10 日の日米首脳会談では「分野横断的な新たな経済対話の枠組み」を立ち上げることに合意し、第一回日米経済対話が 4 月 18 日に東京で開催された。ここでは①貿易および投資のルール、課題に関する共通戦略、②経済および構造政策分野における協力、③分野別協力の 3 つの柱で協議を行う枠組みが合意された。ペンス副大統領は、そこで改めて日米 FTA を追求することを表明した。また、17 年 3 月末日には、通商代表部が貿易障壁報告書を発表し、日本に一段の市場開放を求めるとし、農産物及び自動車市場の開放を特に求めた。さらに、同日、トランプ大統領は、不公正貿易是正に向けた 2 つの大統領令に署名しており、日本に対する TPP を超える市場開放要求を行うことは必至とみられる。

トランプ政権のこの強硬姿勢を後押ししているのは、ひとつは大手自動車多国籍企業である。米国自動車政策協議会は、二国間協議において日本が基準緩和や技術的障壁などの非関税障壁を撤廃するとともに、為替操作への対応を求めるべきだとトランプ大統領に要求している。また、牛肉、豚肉、コメ、酪農関係の農業団体も二国間交渉による農産物の市場アクセス確保を要求している。

これに対して、安倍晋三首相は、トランプ政権発足後の国会答弁において「TPP協定が持つ戦略的、経済的意義についても腰を据えて理解を求めていきたい」(2017年1月24日)とする一方で、「(アメリカに)TPPの働きかけを行っていけばEPA、FTAは全くできないということではない。日米のEPAだけではなく、TPP、日豪、日加、日EUもそうだが、しっかりと守るべきものは当然守っていかなければいけないし、また、農業は国の基であるという考え方のもと、二国間の交渉についてもしっかりと交渉していきたい」(1月26日)と述べ、日米二国間交渉にも対応していくことを否定しなかった。

それどころか、国会で批准を済ませたTPP協定を、アメリカ政府抜きで発効させようとしたり、TPP合意水準プラスアルファでの日EU・EPAやRCEPでの投資条項やISDS(投資家対国家の紛争処理)条項の盛り込みを日本政府が率先して要求していることは、すでに第1章で指摘されている通りである。

一方、安倍内閣は、TPPの大筋合意を果たしてからは、「地方創生」の一環としてTPPを位置付け直した。例えば、2015年11月25日に発表された「総合的なTPP関連政策大綱」では、「TPPはアベノミクスの成長戦略の切り札である」とか、「本政策大綱は、TPPの効果を真にわが国の経済再生、地方創生に直結させるために必要な政策である」と述べるとともに、「TPPの影響に関する国民の不安を払拭する政策」として、「農業・中小企業分野における新輸出大国」「グローバルハブ」「農政新時代」「ISDSによる応訴体制の強化」などの項目を掲げた。これらの文章は、TPPそれ自体、中小企業や農家に経済的便益

を与えるものではない、ということを告白したものである。対策をしなければ、農業も中小企業も打撃を受けるということである。

ともあれ、以上から導き出せる課題は、第一に、なぜ、執拗にTPPやFTAが安倍政権によって推進されているのかという点である。第二に、このような通商協定によって経済成長がなされるという言説の妥当性を検討する必要がある。第三に、そのうえでTPPやFTAが地域経済や国・地方自治体の主権・自治権に対していかなる影響を与えるかという点をより具体的に検討しなければならない。とりわけ、地域経済を担う中小企業や農家経営に与える影響、そして地方自治体の産業振興施策や公共調達に与える影響が問題となる。最後に、多国籍企業主導の「自由貿易協定」による「成長戦略」に対抗する、住民一人ひとりの生活、福祉の向上を図るための自治体及び地域住民・中小企業の取り組みの可能性と展望を明らかにしなければならない。本章の課題も、以上の点を解明するところにある。

1　第二次安倍政権とTPP

(1) 安倍流「富国強兵」型国家づくり

第二次安倍政権とTPP推進体制との関係を見るためには、大前提として、安倍政権が目指す国家像を理解しておく必要がある。筆者は、一言でいえば「富国強兵」型国家づくりであると考えている[1]。ここでいう「富国」の「国」は「多国籍企業」の「国」を指す。すなわち「富国」とは、「多国籍企業を富ます」という意味である。それと、安保関連法を突破口とした「戦争ができる国」づくりとを結合して推進しているところに、安倍内閣の際立った特徴がある。渡辺治が指摘するように[2]、安保関連法は戦争ができる自衛隊をつくったが、実際に戦争を遂行するためには憲法に定めた基本的人権や地方自治権を制限す

1　岡田知弘「第二章『富国強兵』型構造改革の矛盾と対抗」渡辺治・岡田知弘・二宮厚美・後藤道夫『〈大国〉への執念　安倍政権と日本の危機』所収、大月書店、2014年
2　渡辺治『現代史の中の安倍政権：憲法・戦争法をめぐる攻防』かもがわ出版、2016年

る必要がある。辺野古基地問題をめぐる沖縄県や名護市のような反発がたびたび起こると、戦争遂行はできない。そこで、地方自治や言論、表現、報道、集会、学問の自由を束縛する法制度、さらに戦前の治安維持法に相当する共謀罪の整備が必要となる。そのためには、9条の解釈改憲だけでなく緊急事態条項を盛り込むなど明文改憲が必要不可欠であるという認識である。だからこそ、安倍首相は、自民党総裁任期の延長による改憲発議にこだわり、あえて2020年に改正憲法を施行すると表明するとともに、共謀罪法案の成立を強行したのである。

日本経済団体連合会（以下、経団連と略す）も、会長が東レ出身の榊原定征に交代してから、ますます政権との抱合体制を強めているといえる。もともと、経団連は、憲法9条の改定による武器輸出要求、そして東日本大震災以降は原発再稼働・輸出を要求してきた。例えば、小泉純一郎内閣期の2005年1月18日、経団連は、「わが国の基本問題を考える」を提言、そこで憲法9条及び96条の改定と、集団的自衛権の行使容認明記を要求していたが、安保関連法案の強行採決が近づいた2015年9月15日に「防衛産業政策の実行に向けた提言」を発表する。そこでは、防衛産業市場の拡大や日米共同開発に向けた防衛装備庁への要求を並べ挙げたのである。

経団連の中に、朝鮮戦争後にできた防衛産業の利害代表組織である防衛生産委員会があったが、2015年の同委員会総会において名称を「防衛産業委員会」に改称し、同委員長には三菱重工業社長が就任した。当日の総会では防衛省事務次官が記念講演するという蜜月ぶりである。現会長の出身企業である東レも、外資比率24％の多国籍企業であり、軍需品でもある炭素繊維をアメリカの現地法人からボーイング社に納入している。ちなみに、同委員会に属している三菱重工、東芝、日立製作所のトップは、安倍首相の財界人後援会である「さくら会」の主要メンバーであるとも報道されている。[4]

3　日本経団連「2015年度防衛産業委員会総会を開催」『経団連タイムス』3233号
4　『日本経済新聞』2012年12月17日

これらの企業が、武器製造だけでなく、原発メーカーであることにも注目したい。このことは、安倍内閣が成長戦略の一環としての原発・インフラ輸出、そしてTPPにおける「政府調達」条項やISDSを積極的に追求している理由とも関連している。東日本大震災にともなう福島第一原発事故とその後の原発停止状態は、日本の原子力産業界の原発輸出にとっては最大の障害であり、国内原発の再稼働が商談をすすめるうえで懸案となっていたといえる。

　実は、それ以上に、原発メーカーは、深刻な事態に陥っている。将来の原発市場の拡大を見込んで、提携先のGEの沸騰水型軽水炉だけでなく、加圧水型軽水炉の市場も獲得するために2006年に米国WH（ウエスチングハウス）社を6000億円で買収した東芝は、当該原子力部門の不振により粉飾決算問題が表面化し[5]、今や東芝本体が存続の危機に立っているのは周知のとおりである。また、三菱重工は、米国の南カリフォルニア・エジソン社に納入した原発の蒸気発生器が壊れ、それが原因で同原発が廃炉を余儀なくされたとして、同社から総額9300億円の損害賠償を国際仲裁裁判所に訴えられている[6]。それだけ個別企業としても原発市場拡大への願望も大きいといえる。

　そのような事情を反映してか、主要原発関連企業9社（三菱重工・三菱電機・日立製作所・東芝・鹿島建設・大林組・清水建設・竹中工務店・大成建設）の自民党への政治献金（2013年）を調査した三宅勝久によると、「第二次安倍政権が発足した2012年12月以降、献金額は激増しつつあり、2013年は、三菱重工の3000万円を筆頭に、9社とも前年比1.5倍～3倍に自民への献金額を増やした」という[7]。また、過去37年間に100億円を超える政治献金がなされたうえ、東日本大震災後、原発産業9社のうち8社で、役員待遇の天下り官僚が15人もいること（2014年6月現在）も明らかになっている。

5　『日本経済新聞』2015年7月9日
6　『朝日新聞』デジタル、2015年7月28日
7　三宅勝久「原発産業9社から自民党に献金100億円、"安倍隊長"のもとで進む原発推進、消費増税、法人減税」My News Japan、2014年12月13日

(2) 政官財抱合体制の形成

　ここで注目したいのは、安倍政権下において経団連をはじめとする財界と政界、さらに官界の癒着、抱合体制が強固に構築されていることである。同政権下での重要な経済財政政策の決定は、経済財政諮問会議や産業競争力会議をはじめ各種政策決定会議体によってなされており、決して与党内での議論の積み重ねや、各省庁からの提案によるものではない。

　このような経済財政諮問会議を中心とした政策決定の仕組みは、2001年の小泉純一郎内閣から開始された。中央省庁改革の一環として、首相官邸権限の強化が図られ、同会議には財界の代表者が正式な構成員として入ったのである。民主党政権時代には、同会議が開店休業状態に置かれた。

　民主党から政権を奪還した第二次安倍政権は、官邸主導政治を即座に復活させ、経済財政諮問会議を再開、さらに第一次安倍政権のときに設置したものの休眠状態にあった規制改革会議も復活、そして産業競争力会議を新設する。それらの主要政策決定機関には、小泉構造改革の参謀役として活躍した竹中平蔵慶応大学教授はじめ新自由主義改革を志向する学者、経団連役職者に加え、経済同友会のオピニオンリーダーである新浪剛史ローソン社長（当時）、IT企業等が結集する新経済連盟の三木谷浩史楽天会長が入り、政官財抱合体制を拡大強化する。さらに、経団連は、政策評価による政治献金の再開も開始しており、経済財政諮問会議の民間4議員の動向に典型的に示されるように、政府の政策決定だけでなく、政策の進行管理においても重要な役割を果たしているのである。この民間4議員は、国会議員はもとより、一般の大臣よりも強い権限を発動することができるが、決して国民の信託を受けて選任されているわけではなく、官邸による指名人事であることが、民主主義の観点からみて極めて問題であるといえる。[8]

　第二に、官僚機構の幹部人事を官邸が掌握するために内閣人事局を

8　佐々木憲昭『財界支配—日本経団連の実相』新日本出版社、2016年

置いたことも注目される。人事局構想は民主党政権時代にとん挫したが、第二次安倍政権の下で改めて法案を提出し、成立させたものである。同局は、2014年5月に発足した。これにより、官邸側は自らの政策遂行に協力してくれる幹部職員をピックアップして活用することができるようになり、各省庁とも新自由主義的思考の官僚たちが重用され、上昇志向のある職員ほど官邸にすり寄る体制がつくられることになった。森友学園に対する不当な価格での国有地払下げ問題について、財務省の職員が「国民の利益」を顧みず、頑なに首相夫妻を守ろうとしたことに象徴されるように、「公務員は全体の奉仕者」とする憲法15条を侵害する重大な問題を生み出している。

　第三に、1999年の官民人事交流法や同法に基づかない一般職の任期付採用制度によって、官僚機構と財界との人事交流が増大したことである。民主党政権下の2011年時点では震災復興事業があったものの民間企業から中央省庁への常勤職員の出向は790人であった。これが、2016年には1320人へと増えているのである。非常勤職員を含めると1136人から1996人であり、公務員削減の一方で民間企業からの任期を限った形での職員採用をすすめてきていることがわかる。ちなみに、2016年の実績を省庁別にみると内閣官房に120人（うち常勤60人、以下同じ）、内閣府に159人（19人）、外務省に116人（98人）、財務省に58人（37人）、経済産業省に504人（423人）、国土交通省に236人（208人）、厚生労働省に66人（49人）、総務省に49人（24人）が配置されている。[9]

　また、派遣企業には、製造業はもちろん、保険業や証券業を営む外資系企業やコンサルタント、広告会社、マスコミも入っており、各種の政策立案と広報・宣伝において大きな役割を果たしていることがわかる。ちなみに、政策中枢の内閣府の大臣官房にはJR東日本、オレンジネットプラス、パナソニック、日経BP、日立製作所、日立ソリ

9　内閣官房「民間から国への職員の受入れ状況（平成28年10月1日現在）」http://www.cas.go.jp/jp/gaiyou/jimu/jinjikyoku/jinji_f1.html

ューションズ、三菱商事から、また政策統括官（経済財政運営担当）にはサントリーホールディングス、ゼビオ、ソニー、清水建設、日本総合研究所から派遣されている。さらに公共サービス改革の焦点となっている社会保障・医療改革を担当する厚生労働省の医政局には、テルモ、塩野義製薬、健康局にはあいおいニッセイ同和損保、協和企画、富士フイルム、雪印メグミルクから、常勤・非常勤職員が派遣されている。建前として守秘義務が誓約されたとしても、人脈やビジネスチャンスに関わる情報が特定の私的企業と共有されている事態のなかで政策決定や進行管理がなされているわけであり、果たして政策の「公共性」なり「公平性」が担保できるかが根本的に問われているといえる。従来の「天下り」に「天上り」が加わり、政財官の間に太いパイプが作られているのである。

(3) 「アベノミクス」と TPP

このような政官財抱合体制の下で、第二次安倍政権は「アベノミクス」と称する経済・財政政策を講じてきた。それは、大幅金融緩和と財政出動という二つの矢に加えて、成長戦略の「第三の矢」として「日本再興戦略」を掲げたものであり、安倍政権流の「富国」路線である。2014年6月にはその改訂版を閣議決定したが、最大目標は、「稼ぐ力＝収益力」とされた。後にも見るように、この「稼ぐ」主体の主要部分は、いうまでもなく多国籍企業をはじめとする巨大企業である。

その方策を検討するために設置された産業競争力会議及び規制改革会議は、雇用、医療と並んで農業を改革の主要対象と定めた。これらの分野の規制を、安倍首相や上記会議体に参画している民間委員は「岩盤規制」と称し、それを「ドリル」で「風穴をあける」ものとして「国家戦略特区」を位置付け、その具体化に踏み出した。

これらの規制改革を「外圧」によって全面的に推し進めようとするものが、TPP交渉における非関税障壁の撤廃である。TPP交渉がもたつくなかで、安倍政権はTPPを先取りする形で、上記の構造改革を前

倒しで推進してきた。

　安倍政権の経済成長戦略の基本は、あくまでも、人件費を抑制してグローバル競争を鼓舞し、従来の新自由主義的改革の基本線である規制改革によって市場創出を行うことと、商品やサービスの輸出促進によって、企業の「収益力」を強化しようというところにある。

　これは、産業競争力会議が、「日本再興戦略」を改訂し、「稼ぐ力」を高めることを目標としたことに現れている。ここでいう「稼ぐ力」は、「収益力」とも言い換えられている。そのために、①雇用（女性、外国人労働力の活用）、②福祉（公的年金資産での株式運用増（GPIF））、③医療（医療法人の持ち株会社制度）、④農業（農林水産物輸出推進）、⑤エネルギー（原発早期再稼働、発送電分離、再生可能エネ買い取り価格制度改定）が重点分野とされたのである。

　さらに、このような競争力を強化するために、規制改革会議では、雇用、農業、医療をとくに取り上げて、これらの「岩盤規制」に「ドリル」で「風穴をあける」必要があるとしたのである。具体的には、①雇用（労働時間規制の緩和）、②農業（農協・農業委員会制度改革、農地取引の企業への開放）、③医療（混合診療）が、盛り込まれ、それを先行的に具体化するために、国家戦略特別区域制度が導入された。

　もともと国家戦略特別区域制度（以下、国家戦略特区）は、産業競争力会議での議論のなかで、竹中平蔵議員が「アベノミクス特区」として提案したことに始まる。竹中議員は、2013年4月7日の同会議で、「アベノミクス特区」の「延長上で、最終的には、道州制のもと、地域が独自性を発揮して成長していくモデルを実現」できるとし、道州制との関係性にも言及していた。

　その後、制度名称は、「国家戦略特区」となるが、その最大の目標は、「世界で一番ビジネスのしやすい環境をつくる」ことに置かれた。具体的には、税優遇、土地法制、労働法制等での各種規制緩和を、法改定に先駆けて国が指定する領域に設定しようというものである。これらの規制緩和の集大成としてTPPがあり、それを地域間競争で煽りなが

ら実行する理想的行政体として道州制を位置付けているといえる。その意味で、国家戦略特区、TPP、道州制は、相互に深く結びついている。

(4) 特区諮問会議・特別区域会議と経済民主主義、地方自治の蹂躙

2013年12月、国家戦略特別区域法が成立し、同法に基づいて、基本方針や区域指定をするための国家戦略特別区域諮問会議が設置された。諮問会議議員は、安倍首相、新藤義孝担当大臣（当時）のほか、「有識者」委員として竹中平蔵と八田達夫大阪大学招聘教授、ボストン・コンサルティングの秋池玲子、コマツの坂根正弘が入った。

同会議での基本方針作成のなかで重視されたのが、雇用問題であった。当初、解雇自由の特区構想もあったが、これは最終的には排除され、多国籍企業の進出等を想定した雇用問題への対応として「雇用指針」の策定が、2014年4月1日になされた。これは、グローバル企業及び新規開業直後の企業等が、我が国の雇用ルールを理解し労使紛争を未然に防止するために、国家戦略特区法に基づいて定める指針であり、各特区に「雇用労働相談センター」を設けることとされた。

翌5月1日には、国家戦略特区として、東京圏、関西圏、新潟市、養父市、福岡市・北九州市、沖縄県の6地区が指定された。人口規模、面的な広がり、産業特性の点で大きく異なった地域が指定されることになった。東京圏・関西圏・福岡市といった大都市圏では、都市再生、医療、雇用・労働、教育分野での規制緩和がメインであり、外国の医師や保険外診療、雇用・労働規制の緩和、公設民営学校の導入が内容となっている。他方、農村部を抱えた新潟市や養父市では農業分野での各種規制緩和、沖縄県では観光や外国人労働者の入国規制緩和が盛り込まれた。いずれも規制改革会議や米国が撤廃を要求する「岩盤規制」であり、それを破壊する「ドリル」としての役割が国家戦略特区に与えられたことがわかる。

その内容もさることながら、問題はこれらの特区制度の運用の仕組

みである。前述したように特区の枠組みや指針、指定地域については、国家戦略特区諮問会議が決定する。そのうえで、区域計画を策定し実施するために地域ごとに設置される国家戦略特別区域会議の構成メンバーは、国、地方自治体の代表に加え、同地域で「特定事業を実施すると見込まれる者」が公募で入ることになったのである。

関西圏特別区域会議の場合、担当大臣の新藤総務相（当時）、諮問会議の八田達夫、大阪府・京都府・兵庫県知事に加え、事業者代表として塩野義製薬、阪急電車等が参加、新潟市特別区域会議の場合、新藤総務相、坂根正弘諮問会議議員のほか、新潟市長、新潟経済同友会筆頭代表理事、有限会社フジタファーム代表、養父市特区域会議の場合、新藤総務相、養父市長のほか、有限会社新鮮組代表（本社・愛知県田原市）、株式会社マイハニー代表が構成員となり、事業の方向付けを議論している。

ちなみに、新潟市国家戦略特別区域計画の場合、政府の産業競争力会議の正式メンバーであった新浪剛史が社長を務めていた「ローソンが新潟市内の農家と連携し、農地法等の特例を活用した新たな農業生産法人（ローソンファーム新潟）を設立した上で、ローソン店舗にて販売するコメの生産、加工を行う」ことが盛り込まれ、養父市の場合は「養父市内全域の農地について、農地法第三条第一項本文に掲げる権利の設定又は移転に係る同委員会の事務の全部を、養父市長が行う」としたうえで、「やぶパートナーズ株式会社（養父市）とオリックス不動産株式会社（東京都港区）が、養父市内の農業者と連携し、農地法等の特例を活用した新たな農業生産法人を設立した上で、有機野菜等の生産・加工・販売等を行う」などを盛りこんだ。いずれも、農業改革に先行して、大企業による農業進出、六次産業化支援を行うという事業内容である。

また、2014年12月9日に開催された東京圏特別区域会議では、当時の石破茂担当相、舛添要一東京都知事に加え、合場直人三菱地所専務らが参加し、第一弾の事業計画として慶応大学、東京大学などでの

混合診療の実施と未承認薬の活用、成田市での医学部新設など医療分野での規制緩和を盛り込むことを議論している[10]。同地では、安倍晋三首相と親しい理事長が経営している国際医療福祉大学医学部の新キャンパスが認可されている。ちなみに、今治市の国家戦略特区指定での岡山理科大学獣医学部の新設に関連してやはり首相の友人が経営する加計学園が破格の支援を受けて設置認可された。それは「行政を歪めた」行為であったとする前川喜平・前文部科学次官の告発に発展し、国会で厳しい追及を受けることになった[11]。

本来、特定の地方公共団体のみに適用される法律は、憲法によって住民投票が義務づけられている。「特区制度」はこれを空洞化しているだけでなく、国や民間事業者も入った少人数の会議体によって決定する仕組みであり、地方自治、とりわけ住民の主権の蹂躙である点に重大な関心を向けるべきである。実際、養父市では市長が、議会や農業委員会の同意なしに独断専行で区域指定を急いだために、市農業委員会が「不合意」意見書を政府に提出する事態になったのである[12]。

(5) 「地方創生」と道州制、国家戦略特区

次に、「地方創生」とTPP、道州制、国家戦略特区との関係について、自民党の「政権公約2014」等で再確認しておきたい。

第一に、留意しなければならないことは、政権党が、道州制導入までのつなぎとして「地方創生」を位置付けていることである。これは、「道州制の導入に向けて、国民的合意を得ながら進めてまいります。導入までの間は、地方創生の視点に立ち、国、都道府県、市町村の役割分担を整理し、住民に一番身近な基礎自治体（市町村）の機能強化を図ります」という一文を見れば、明らかであろう。

第二に、地方創生と規制改革・国家戦略特区との関係である。これ

---

10 『日本経済新聞』2014年12月10日
11 「特集 騒れる安倍一強への反旗」『文藝春秋』2017年7月号
12 『日本経済新聞』2014年4月11日

については、「政権公約2014」には、「地方創生を規制改革により実現し、新たな発展モデルを構築しようとする『やる気のある、志の高い地方自治体』を、国家戦略特区における『地方創生特区』として、早期に指定することにより、地域の新規産業・雇用を創出します」とある。「地方創生」は、規制改革が大前提であり、それに基づく「新たな発展モデル」を国家戦略特区として推進しようということであり、それら「やる気のある自治体」を国家的に支援していくことを表明したのである。この規制改革の集合体が、非関税障壁撤廃を主な柱にしているTPPだといえる[13]。

　第三に、これらの道州制やTPPを念頭においた地方分権改革と「地方創生」、国家戦略特区を推進する担当大臣として地方創生担当大臣が置かれた。現に、地方創生担当大臣の担当分野は、道州制、国家戦略特区、地方分権改革となっているのである。

　では、なぜ安倍政権は、ここまでして道州制にこだわるのか。それは、やはり「富国強兵」型国家の「統治機構」に関わる制度だからである。そこで、第一次安倍政権下の自民党道州制推進本部、経団連道州制推進委員会でほぼ固まっていた道州制構想について一瞥しておきたい。

　第一に、自民党及び経団連とも共通しているのは、都府県を廃止し、10程度の州を設けるという点である。御手洗冨士夫経団連会長（当時）は、『文芸春秋』2008年7月号の小論において、国の出先機関の廃止を含めて、都府県を廃止することによって年間十兆円近くの財源が浮き、これを国際空港、国際港湾、高速道路といったインフラ投資と企業誘致に活用することができると、期待感を表明していた。

　第二に、都府県がなくなるため、広域的な行政については道州政府だけでなく、新たな基礎自治体が引き受けることになる。ここで、市町村合併が必然化する。両者は、この点でも一致しており、市区町村合併を促進して、最終的に300基礎自治体（人口30万人程度）に集約

13　岡田知弘『「自治体消滅」論を超えて』自治体研究社、2014年

するとした。

　第三に、国と道州政府、基礎自治体の「役割分担」を「二重行政は無駄」論にもとづいて、単純に区分する提案もなされている。すなわち、国は外交、軍事、通商政策、道州政府は産業基盤、経済政策、高等教育政策等を担当し、基礎自治体（地方政府）は医療、福祉、義務教育等住民に身近な行政サービスのみに責任をもつというものである。これは、大阪維新の会の大阪都構想とも酷似した内容であるうえ、沖縄の辺野古基地建設問題についての「代執行」を企てている安倍内閣が「軍事・外交問題は国の専権事項」であるという立論をしていることと通じる。[14]

　だが、この役割分担論は、決定的な問題を含んでいる。もともと、地方自治規定がなかった明治憲法体制の下では国家が戦争に向けて暴走することを政府内部からけん制する力が働かなかったことから、戦後憲法の下では、国と地方行政団体が上下関係ではなく対等な水平的関係になるように地方自治を明記した。しかも、憲法の国民主権論に基づき、団体自治としての地方自治体の意思決定は最終的には住民自治によってなされることを地方自治法において規定したのである。この憲法の考え方によれば、例えば米軍基地問題は、外交・軍事問題だけでなく人権問題でもあり、当然、住民の福利の向上をめざすべき地方自治体も基地問題について発言できる。そこには何の問題もない。これをあえて「役割分担」論で整理し、地方自治体は基地問題について発言できないというのは、本質的に明治憲法的な「戦争ができる国・地方公共団体」関係（上下関係）に、地方自治体を置き直すということである。

(6)　日米財界の政策要求

　では、多国籍企業がトップを占めるようになった財界団体は、どのような政策要求を第二次安倍政権につきつけているのだろうか。第一

14　『京都新聞』2015年12月3日

次安倍政権は、小泉構造改革の矛盾の激化に加え、強権政治への国民の反発から崩壊し、リーマンショック後、民主党政権が誕生した。しかし、この政権も短期間で崩壊、その途上で、東日本大震災と福島第一原発事故が勃発する。さらに米国政府からTPP交渉参加や日米同盟の強化が求められるなかで、内外多国籍企業集団からの新たな政策要求がなされる。この点を、2014年1月以降の、経団連及び米国政府・経済団体からの政策要求文書を一瞥することによって、確認しておきたい。

経団連は、同年1月6日に「新しい『エネルギー基本計画』策定に向けた意見」を発表し「安全性が確認された原子力発電所の再稼働」の加速化を求めた。2月10日には、日本商工会議所、経済同友会とともに、「TPP交渉の早期妥結を求める」という声明を発表、TPP交渉への正式参加を強く求めた。さらに、3月末日には、「道州制推進基本法の早期制定を求める」とする文書を、日本商工会議所、経済同友会、各地域経済連合会との共同要求として政府に提出している。

新年度に入った4月15日には、産業競争力会議等での審議に対応して、「わが国企業の競争力強化に向けて」を提言する。同提言の第一部の表題は、「わが国企業の電力制約克服に向けて政府が講じるべき施策」であり、具体的には原発早期再稼働と技術革新支援を求めるものとなっている。第二部「アジア市場での競争力強化に求められる施策」では、第一に、「日本の付加価値創出力の強化」として、①国際的なイコール・フッティングの確保（医療・介護、農業、バイオ等の成長が見込まれる分野での規制改革、国家戦略特区等の活用、法人実効税率の引き下げ、インフラ強化）と、②イノベーションの創出力の強化（民間企業の研究開発支援、総合科学技術会議の司令塔機能の発揮、グローバル人材や理工系人材の育成、多様で柔軟な労働環境の整備、専門的・技術的外国人材の受入れ促進）が求められている。また、第二に、「アジア域内のサプライチェーンの強化」として①アジアでの経済連携・協力の推進（TPPの早期締結、インフラ整備等）、②域内

での生産力・販売力の強化（中堅・中小企業の海外展開支援、アジア諸国との良好な外交関係の維持等）が盛り込まれている。最後の点は、財界内部に、中国・韓国との緊張関係への不安があることを示すもので、注目される。

　いずれにせよ、多国籍企業の視点から、政府の経済・財政政策、通商政策にとどまらず、労働、医療、福祉、教育制度の諸側面での改革を求めていることがわかる。

　さらに、TPP 交渉が行き詰まるなかで、2014 年 4 月 21 日に、経団連は日米の多国籍企業利益集団（日米経済協議会、全米商工会議所、米日経済協議会）と連名で「TPP に関する共同宣言」を発表し、両国首脳に対して、協定妥結を強く求めた。

　TPP との関係で注目すべきは、米国通商代表部が同年 3 月末日に発表した「外国貿易障壁報告書」である[15]。在米日系企業現地法人を含む米国の多国籍企業集団の要求が、どのようなものであるかが一瞥できる資料である。そのポイントは、以下の通りである。

　①TPP 交渉に加え、二国間交渉によって懸念事項、課題への取組みを継続、②輸入政策（牛肉、コメ、小麦、木材・建築資材、水産製品、皮革製品）、③サービス障壁（日本郵政、保険、共済、他の金融サービス）、電気通信、情報技術（医療 IT、プライバシー等）、司法サービス（外国弁護士に対する処遇）、教育サービス（外国大学への国内大学水準の優遇措置、外国大学との連携）、④知的財産保護、⑤政府調達（大規模公共工事への参入機会創出、PFI 推進、情報通信調達）、⑥投資障壁（M&A を困難にしている不適切なコーポレートガバナンス、株式持ち合い、情報開示の不足、外国人投資家に対する態度）、⑦反競争的慣習（独占禁止の遵守及び抑止の向上、公正取引委員会の手続き的公正と透明性の向上、談合撲滅のための手段拡充）、⑧その他の分野及び分野横断事項の障壁（商法、自動車関連、医療機器及び医薬品、栄養

---

[15] 米国通商代表部「2014 年外国貿易障壁報告書」（外務省翻訳）、http://www.mofa.go.jp/mofaj/files/000036362.pdf

補助食品、化粧品及び医薬部外品、食品及び栄養機能食品の成分開示、航空宇宙、民間航空、運輸及び港湾、「透明性」)。

ここで、留意すべきは、最後の「透明性」の内実として、「すべての利害関係者に対して諮問機関及びその他政府開催グループへの参加を求める」としている点である。すなわち、国の各種諮問会議への米国系多国籍企業への参加や発言権を求めるというものであり、TPPの交渉パネルにほぼ対応する関税障壁や非関税障壁の撤廃に関わる日本政府内の意思決定・進行管理への介入を要求しているのである。しかも、TPPの多国間交渉が挫折したとしても、少なくとも二国間交渉(日米FTA)で実利をとろうとしていることがわかる。

さらにトランプ大統領就任後、榊原経団連会長は、記者会見で「トランプ大統領は、TPPからの離脱を正式に表明したが、TPPは戦略的にも、経済的にも高い意義を持ち、アジア太平洋地域に繁栄と安定をもたらすものであることを理解してもらう必要がある。経済界としてTPPを諦めるということはなく、日本政府とも連携してさまざまな働きかけを行い、トランプ大統領の翻意を促していきたい」と発言した(2017年1月23日)。冒頭で述べた安倍首相の国会答弁と同じ立場である。さらに、日米首脳会議後の会長コメントとして、「改めて日米同盟関係の重要性が確認されるとともに、それが世界に示されたことは大きな成果である」と強調したうえで、「両国が協力してアジア太平洋地域でルールに基づく自由で公正な貿易・投資を推進するとともに、日米経済関係のさらなる深化に向けて建設的な話し合いを進めていくことも確認された。今後は、そのような場を通じて、日米両国が成長や雇用の果実を分かち合い、自由で開かれた国際経済秩序の構築をリードしていくことを期待したい」と政治・経済両面での同盟強化を推進する立場を表明した(同年2月11日)。

こうして、日本とアメリカの多国籍企業は、国家の通商・経済政策に介入することによって自らの「稼ぐ力」、収益力を最大化するために執拗にロビー活動、政策買収を展開しているのである。

2　輸出で「稼ぐ力」をつければ日本経済は発展するのか

(1)　現代重商主義論の誤り―アダム・スミスから学ぶ―

　さて、TPPやFTAを推進する議論のなかでもっともポピュラーな言説は、「国内市場は少子高齢化のなかで収縮するだけであり、これからは中小企業も農家も海外に進出したり、輸出することによって外貨を稼ぐしかない」というものである。販路に苦しむ個々の経営者にはわかりやすい言葉である。だが、このような個別の経営者の私的な観点から視野を広げて、地域経済、日本経済、そして世界経済という社会的視点に目を転じたらどうなるか。

　一国経済を富ますには輸出によって貿易黒字を稼ぐしかないという考え方は重商主義と呼ばれる。実は、アダム・スミスが『国富論』(1776年)で論破した俗論と本質的に同じである。当時のイギリスは重商主義の国であり、安く買って高く売ることで貿易差額を稼げばいいという考え方であった。しかし、輸出額と輸入額を世界経済の単位で計算したらどうなるか。当然、同じ金額となる。つまり、貿易それ自体からは富は増殖しないのである。

　アダム・スミスは、各国国内における分業の発展、自然と労働の結合による経済的富（現代の付加価値）の生産と相互交換によって、一国経済の均衡ある発展ができるし、それが最も望ましい経済発展の原理だと提言したのである。逆に、重商主義政策をとると、かつてのローマ帝国と同様、農産物の輸入が途絶した都市国家は瞬く間に崩壊すると警告した。現在の日本の食料及びエネルギー自給率の極端な低さ、荒廃した国土の広がりによる災害の激発を見た場合、スミスのいうように農山村への国内投資こそが重要であるといえる。

(2)　戦後の高度経済成長は内需中心・中小企業主体であった

　以上のような原理論に対して、「戦後の日本の高度経済成長は、大企業が輸出主導で実現したのではないか」と疑問をもつ人がいるかもし

図表 3-1　高度成長期の需要項目別増加寄与率

項　目	1961～65年	1966～70年
個人消費支出	51.4	40.7
政府の財貨サービス経常購入	7.0	4.0
個人住宅投資	6.8	6.1
民間企業設備投資	19.7	32.1
政府固定資本形成	13.3	7.5
民間在庫品増加	2.4	8.7
政府在庫品増加	−0.4	0.4
輸　出　等	11.7	14.3
（控除）輸入等	−12.1	−14.0
国民総支出	100.0	100.0
同　　実額（兆円）	37.2	71.7

注：増加寄与率は、各期間ごとの増加累積額の構成比を示す。
（出所：経済企画庁『経済白書』1972年度版）

れない。そこで、『経済白書』によって事実確認をしてみよう。[16]

　図表3-1からは、戦後最大の経済成長率を記録した1960年代後半の「いざなぎ景気」期において、国民総支出の増加額に占める輸出の寄与率は14.3％であるが、輸入のマイナス寄与率14.0％を控除すると貿易による寄与率はわずか0.3％となり、圧倒的に個人消費支出、個人住宅投資が大きな寄与をして、設備投資が誘発されたことがわかる。集団就職によって大量の若い人口が農村から都市に移動し、そこで生活手段市場が形成され、家電やバイク、自動車、住宅市場が発展し、それに向けた素材や機械産業での設備投資、商店・量販店の設備投資が増えたうえ、労働組合による春闘や農協による米価闘争もあって、雇用者報酬が増加し、国内市場が大きく発展したことが最も大きな要因であったことがわかる。

　また、図表3-2からは、同期における経済成長の所得分配構造を見ると、雇用者所得及び企業所得のなかでも中小企業と農家から構成される「個人企業所得」の増加寄与率が高く、大企業中心の民間法人企

---

[16] 岡田知弘「第一章　高度成長の過熱と終焉」『高度成長の時代2　過熱と揺らぎ』所収、大月書店、2010年

図表3-2 県民所得の要素別増加寄与率

		雇用者所得	財産所得	企業所得	民間法人企業(配当受払後)	個人企業	農林水産業	県民所得合計
全国	1960〜65年	63%	9%	28%	6%	21%	5%	100%
	1965〜70年	57%	7%	36%	16%	18%	3%	100%
岩手県	1960〜65年	57%	5%	38%	3%	37%	17%	100%
	1965〜70年	55%	5%	39%	10%	30%	11%	100%
宮城県	1960〜65年	60%	8%	32%	7%	26%	12%	100%
	1965〜70年	57%	6%	37%	13%	22%	6%	100%
東京都	1960〜65年	64%	10%	26%	7%	16%	0%	100%
	1965〜70年	54%	8%	38%	21%	15%	0%	100%
岐阜県	1960〜65年	58%	10%	33%	4%	26%	7%	100%
	1965〜70年	52%	8%	40%	15%	26%	3%	100%
大阪府	1960〜65年	62%	12%	26%	5%	18%	1%	100%
	1965〜70年	53%	9%	37%	21%	14%	0%	100%
島根県	1960〜65年	61%	6%	33%	4%	30%	12%	100%
	1965〜70年	63%	7%	30%	11%	21%	9%	100%
宮崎県	1960〜65年	52%	6%	42%	4%	35%	13%	100%
	1965〜70年	53%	6%	41%	7%	34%	10%	100%

(出所:内閣府「県民経済計算年報」)

業所得の寄与率を全国合計、地方県で共通して上回っていることが確認できる。例外は、本社が立地している東京都、大阪府であり、ここでは60年代後半に入り民間法人企業所得が個人企業所得の増加寄与率を上回るようになっていたのである。

以上から、この高度経済成長期に生産を増やし、所得を増やしたのは、勤労者や中小の個人経営、農家が主体であったといえる。高度経済成長は、決して大企業が主役になり、輸出主導で作り出したものではなかったということである。

(3) 現代の日本経済低迷の最大の原因は雇用者報酬の縮減にある

ひるがえって、現代の日本経済の状況はどうか。日本経済が低迷している最大の原因は、国民所得の最大部分を占め、内需を担っている

図表 3-3　各国雇用者報酬の推移（1995～2013 年）

	1995 年	2010 年	2011 年	2012 年	2013 年	単　位
日　　本	268399 100	243606 90.8	245201 91.4	245946 91.6	247978 92.4	10 億円
ド イ ツ	992 100	1282 129.3	1337 134.8	1388 139.9	1426 143.8	10 億ユーロ
フランス	619 100	1040 168.0	1069 172.6	1091 176.2	1104 178.3	10 億ユーロ
アメリカ	4197 100	7969 189.9	8277 197.2	8615 205.2	8854 210.9	10 億 US ドル
イギリス	386 100	817 211.6	828 214.5	849 219.9	878 227.4	10 億ポンド

（出所：労働政策研究・研修機構『国際労働比較』各年版から作成）

雇用者報酬が、この 20 年間減少・低迷してきているところにある。図表 3-3 は、主要国の雇用者報酬の推移を、1995 年を 100 として比較したものである。2013 年を見ると、日本だけが 92.4 へと減っていることがわかる。アメリカは賃金水準が下がっているといわれるが、働く人が増えていることもあり、雇用者報酬全体では 210.4 と 2 倍以上増えている。それだけ市場が拡大しているということである。日本だけが、「グローバル競争に打ち勝つため」ということで、非正規雇用を増やし、さらに賃金も下請け代金も切り下げることを財界あげて一貫して行ってきた。ところが、同じグローバル競争のなかにある欧米諸国では、内需が確実に形成されてきていたのである。したがって、これまでの非正規雇用拡大・低賃金政策がそもそもの間違いであったといえる。国民所得の最大部分を占める雇用者報酬が縮小するならば、地域経済も、それが複合した国民経済も縮小するのは当然のことである。

このような事態が起きたのは、経団連が「グローバル国家」づくりを提唱し海外直接投資を盛んに行っていった 1990 年代半ば以降である。図表 3-4 のように海外生産比率が上昇し、とうとう 2011 年以降、貿易収支はマイナスに転じる。いまや日本は貿易赤字国になっている。他方で、投資による純利益である所得収支は右肩上がりで増えている。

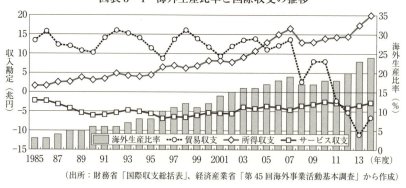

図表3-4 海外生産比率と国際収支の推移

（出所：財務省「国際収支総括表」、経済産業省「第45回海外事業活動基本調査」から作成）

これが日本国内の多国籍企業本社や投資家が受け取る所得であり、政府はこれを「投資国家」化として推進していく姿勢を取り続けている。TPPやFTAは自由貿易だけでなく投資障壁を無くすことで、これを拡大するということが目標である。そうすれば日本経済が潤って、成長していくはずだという考え方である。

(4) 「投資国家」の矛盾

ところが、この「投資国家」が実体経済に大きな問題を生み出すのである。第一に、高度経済成長期以降の日本経済の再生産は、一国単位でみると貿易黒字をつくって、翌年の食料や石油や石炭、原材料を買って加工し、生産物を輸出して貿易黒字をつくり再び食料や燃料、原材料を購入するという方式であった。ところが、その貿易黒字がもはやなくなり、食料もエネルギーも自給率は先進国中最低の水準となっている。果たして、人々の生活や産業活動に無くてはならない食料やエネルギーを持続的に入手できるかどうかが問題となる。

2000年代初頭の政府統計によると、図表3-5のように投資の利益と輸出利益を合計した海外売上高の約70%が東京都に集中している。名古屋と大阪が10%弱ずつであり、合計9割が大都市の恐らく都心部に集中している。というのも、多国籍企業の本社や投資家が集中して

第3章　TPP・FTA推進の政治経済学と地方自治

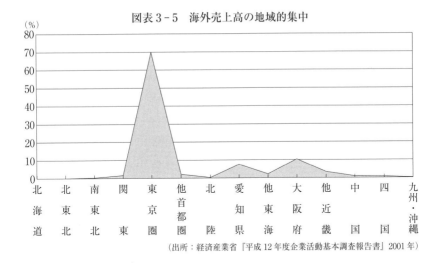

図表3-5　海外売上高の地域的集中

(出所：経済産業省『平成12年度企業活動基本調査報告書』2001年)

いるからである。果たして、これらの投資収益や輸出収益が、国内の地域に再投資されて、人々の食料やエネルギーを調達できるようになるかというと、その保証はどこにもないわけである。

とりわけ東京都には、全国の生産額比率をはるかに超える法人所得が集中している。最大のシェアをもつ第3次産業の生産額比率でも20％しか占めていないが、法人所得額は全国の50％も集中している（**図表3-6**）。これは、各地域に立地する分工場、大型店、営業所、支店の利益が東京の本社に移転されるからである。財政再分配のための仕組みである地方交付税も削減されるなかで、東京都だけが潤うような地域間格差が広がっているのである。

といっても、東京都内がどこでも潤っているわけではない。平均課税所得指数の全国平均値を100とすると、それとほぼ同じ水準の区がある一方で、港区は3倍を超える350にも達する。日本でも一番所得格差が大きいのが東京都内であるといえる。グローバル化は、このように社会格差と貧困を広げている。TPPやFTAはこれをさらに拡大していく可能性が強いのである。

政府の「TPP政策大綱」などの言説では、中小企業や農家が輸出

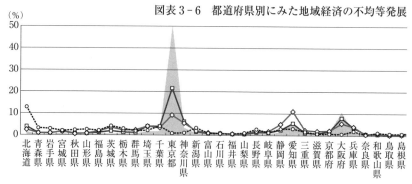

図表 3-6 都道府県別にみた地域経済の不均等発展

(出所：内閣府「県民経済計算」

すれば儲かると強調している。確かに、そういう企業や農家も少数ながら出現するかもしれない。だが、地域農業、地域産業全体がどうなるかといえば、全く違う方向になる可能性の方が大きい。というのもTPPの期待効果では、輸出や海外進出など、「出る」方向しかメリットとして強調されていない。「グローバル化」は双方向に進むものであり、海外から「入る」問題についても見ておく必要がある。ところが、政府の言説では、産業や企業の全体構造がどうなるかという説明もないし、「入る」ことによる問題についても口を閉じているという特徴がある。

例えば、政府は中小企業分野の対策として4,000社の海外展開を支援するとしているが、国内における中小企業の数は350万社にも及ぶ。地域経済を担っている中小企業の構造を調査すると、例えば京都市では、**図表3-7**のように京都市内に本所（本社）がある企業で働いている従業者が全体の8割を占める。とりわけ、単一の工場や商店、事業所しかもたない企業で働いている人は半数に及ぶ。残りの2割が京都市外に本社がある企業で働いており、そのなかに一部外資系企業が含まれているという状況である。地域経済を圧倒的に担っているのは、地元に本社がある中小企業であるということがいえる。京都市以外では、地元中小企業比率はさらに高くなると考えられる。

(2012年)

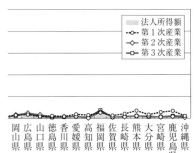

年報」2012年版、国税庁「法人税統計」2012年版)

図表3-7 京都市の本所所在地別従業者数 (2012年)

本所所在地	従業者数	構成比
東京都区部	67,473	9.3%
大 阪 市	32,863	4.5%
名 古 屋 市	2,985	0.4%
そ の 他	40,293	5.5%
京 都 市 本所	147,255	20.3%
支所	86,826	11.9%
京都市単独事業所	349,140	48.0%
京都市内従業者計	726,835	100.0%

(出所:「経済センサス」)

図表3-8 中小企業の商品(製品)の仕入先・販売先 (2010年度決算ベース)

	全産業(法人企業)				
	計	5人以下	6～20人	21～50人	51人以上
母集団企業数(社)	1,668,082	1,088,770	383,955	117,907	77,450
販売地域	100.0%	100.0%	100.0%	100.0%	100.0%
国内・海外問わず	4.2%	2.8%	3.9%	7.9%	13.0%
海　　外	0.4%	0.5%	0.2%	0.1%	0.6%
国内全域	19.9%	14.4%	25.1%	29.3%	35.6%
近隣都道府県	23.4%	23.2%	23.9%	24.4%	23.2%
同一県内	17.5%	18.1%	18.1%	14.8%	13.2%
近隣市町村	19.3%	22.4%	17.5%	11.9%	8.4%
同一市町村	15.3%	18.7%	11.5%	11.6%	6.0%

(出所:中小企業庁「平成23年度中小企業実態基本調査」2012年)

　2010年の政府の中小企業実態基本調査結果を図表3-8でみると、中小企業がどのような取引関係にあるのか、どこに販売しているのかがわかる。海外への販売は0.4%、国内・海外どちらもという企業が4.2%と、合わせて5%にも届かない。小規模な企業ほど、地元地域内、同一県内取引が多く、地域経済のなかで経済的価値を循環させる役割を果たしていることがわかる。

　農業についても、政府は農産物の輸出が増えていること度々強調しているが、輸入については報道していない。現実には、2015年度の

輸出額4,431億円に対し、輸入額は6兆5,629億円となっている[17]。各国別に国際比較すると、日本は最も純輸入率が高い国となっているのである。TPPやFTAが広がると、これももっと広がる可能性がある。にもかかわらず、政府はそうしたマクロな貿易構造の問題をあえて避けて、輸出志向の高い農家や経営体の個別成功事例を強調する「印象操作」をしているといえる。

　最後に、地域の中で農業や地域産業が衰退すると、そこに人々が住めなくなり国土の保全が困難となる。これは、災害の時代において各地で繰り返し指摘されている点である。山間部には小規模な自治体が多い。ところが、安倍政権は「地方創生」の名の下で、人口20万人以上の都市を対象に、連携中枢都市圏の中心都市を指定しようとしている。ところが、それらの合計土地面積は2012年時点で国土の1割しか占めていない。逆に10万人以下の小規模な自治体の面積は、国土の半分以上を占めており、そこで山林や水源地を保全しているといえる。「選択と集中」で、これらの自治体への投資を引き揚げ、中心都市に行政投資を再分配すれば、水害や土砂災害などのリスクが確実に高まることになる。

　しかも、各地域経済の構造を見れば、国土上に多国籍企業で作られている経済はどこにもない。前述したように圧倒的に中小企業がベースであり、これに農家、協同組合やNPOがあり、地方自治体自身も投資活動を繰り返しながら地域経済を支えている構造がある。むしろこれらを生かしながら地域づくりをする方向が大切なのである。

3　TPP・FTAと地域経済・地方自治体

　次に、TPP並み、あるいはそれにプラスアルファの市場開放を上乗せしたFTAが発効した場合、地域経済、地方自治体にどのような影響があるかを検討してみたい。その際、基準となるのは、日本の国会がいち早く与党の賛成多数で批准したTPP協定文の内容である。

17　『平成27年度食料・農業・農村白書』2016年

TPP 協定は 30 章から構成されるが、その内容は各分野別の物品市場、サービス市場アクセス、投資、国境を超えるサービス、金融サービス条項など多岐にわたる。

以下では、地域経済と地方自治体に深く関わる問題に絞って採り上げるが、それでも地域産業政策から住民福祉、第 3 セクターを含む国有企業、投資、政府調達、その運用、制度に関する条項、紛争処理、最終の発効条項も絡んでくる。それらの影響を大きな柱で括ると、関税撤廃によるものと非関税障壁の撤廃によるものの 2 つに分けることができる。

「自由貿易協定」という名称からほど遠い分野も包括するのが、現代の通商協定の特徴である。なぜ、どのような取引を、いかに「自由」化しようとしているのか、その意思決定権者と地方自治体、そしてその主権者である住民との関係はどうなっているのかが、ただちに問題となる。つまり、TPP や FTA は、国家主権の問題だけでなく、国民主権や地方自治権、経済民主主義に関わる問題と必然的に結びつくのである。まず、歴史的に見てみよう。

(1) 歴史からみた現代の「自由貿易」の本質

「自由貿易」という言葉は、通常、関税引き下げや撤廃による商品の輸出入の活発化を図ることと理解されている。歴史的にはリカードの『経済学および課税の原理』[18]に代表されるように 19 世紀から存在する考え方である。ただし、それはリカードの比較生産費説のモデルのように国と国との貿易が前提であり、競争優位に立つイギリス資本主義の膨張を正当化する学説でもあった。それ以来、「自由貿易主義」は、常に大国が周辺国に対して門戸開放を迫るものであり、帝国主義、軍事的膨張と重なり合っていた。だが、イギリスと競争する複数の列強が登場するなかで、時には自由貿易主義、時には保護貿易主義的な通商外交政策が現れることになる。これらは、それぞれの国の資本家

---

18 リカード原著 1817 年、岩波文庫 1987 年

団体の経済的欲求に対応して、国ごと、産業ごとに使い分けがなされた。したがって、マルクスも指摘しているように自由貿易と保護貿易は対立しあう政策ではなく、資本蓄積を促進するという意味では同一の基礎をもつものなのである[19]。

だが、20世紀に入ると、日本やドイツの台頭で原料市場及び販売市場の確保のため地球上の領土分割・再分割のための戦争が頻発し、とうとう第一次世界大戦が勃発する。それを突き動かしたのは、レーニンが指摘したように国境を越えて拡張する独占体の形成であった[20]。資本主義の不均等発展は、地球上に市場を創出し、それを奪取するためのブロック経済化と軍事行動を引き起こし、世界恐慌後のナチズム、ファシズムの急速な台頭により第二次世界大戦という人類史上最悪の惨禍を生み出したのである。

その反省から、戦後、自由貿易を標榜してIMF（国際通貨基金）・GATT（関税及び貿易に関する一般協定）体制が誕生することになる。ただし、戦後の政治体制は、先進国では戦災を免れて強大な政治経済・軍事力をもつようになったアメリカが盟主となり、拡大する社会主義国の盟主となったソビエト連邦と対峙する「冷戦体制」へと移行していた。日本は、戦争直後からアメリカ軍の占領下におかれ、貿易が厳しく制限されることになる。1951年に、アメリカを中心とする西側諸国だけとの単独講和条約を結び、アメリカと安全保障条約を結ぶことで、1950年代前半にIMFやGATTに日本も参加する。ただし、沖縄県が日本に戻るのは、日米繊維摩擦の解決と引き換えにしたものであり、1972年のことであった。領土交渉と通商交渉は、外交交渉のなかのカードの一つとしての扱いとなる[21]。

日本経済が復興する過程で、アメリカはじめ資本主義国からは、貿易と資本の自由化を求める声が高まり、1960年の所得倍増計画と併せて

19　マルクス「自由貿易問題に関する演説」『マルクス・エンゲルス全集』第4巻、大月書店、1848年
20　レーニン『帝国主義論』岩波文庫、1917年
21　萩原伸次郎『通商産業政策』日本経済評論社、2003年

段階的な自由化計画が実行に移されていく。この間、先述した日米繊維摩擦による繊維交渉等、日本の復興、そして高度経済成長にともなう貿易摩擦が増えるだけでなく、すでに多国籍企業化が進行していたアメリカやヨーロッパ諸国から資本の自由化圧力が日増しに高まる。

　1971年のドルショック、1973年のオイルショックは、アメリカを中心とする戦後の通貨体制、エネルギー供給体制が、日本や欧州諸国の台頭だけでなく、植民地・反植民地扱いをされていた中東諸国の主権回復によって崩壊したことを意味した。世界的な構造不況が続くなかで、いち早く「集中豪雨型輸出」によって成長を遂げた国が、日本であった。とりわけ自動車、家庭電化製品の生産ラインへのロボットの導入や「減量経営」によって、日本全体としての貿易黒字が1980年代前半にかけて大きく増加することになったのである。

　こうして日米間を中心に、自動車、家電、半導体等をめぐる貿易摩擦が次々と起こり、日本政府は個別産業間調整によって輸出抑制を図ろうとしたが効果はなく、日本の輸出主導型経済構造全体を転換する「経済構造調整政策」を、1986年の日米首脳会談の手土産として中曾根康弘首相はレーガン大統領に約束する。これが「前川レポート」である。二国間交渉によって、日本側が積極的に輸入促進政策をとるだけでなく、貿易黒字を生み出した自動車、家電産業の海外直接投資を促進することや、民間活力の導入と規制緩和による内需の拡大を行うことなどを取り決めたのである。積極的な輸入促進政策の対象となったのは、農林水産物であり、石炭を含む鉱産物であり、繊維や玩具などの中小企業製品であった。

　アメリカ連邦議会は、さらに強力な罰則規程を入れた包括通商・競争力強化法を1988年に成立させ、89年には日米構造協議が始まる。同協議のなかで、公共投資計画のさらなる拡大、大規模小売店舗法の規制緩和などが約束される[22]。前者に関わって注目しておきたいのは、アメリカの建設関連企業が、関西新空港建設をはじめ日本の公共投資市

22　萩原伸次郎『ワシントン発の経済「改革」』新日本出版社、2006年

場への参入をねらい、政府調達の入札制度の改変を迫ったことである。1992年には新通商法に基づき、日本の建設慣行の調査を開始し、指名競争入札制度の撤廃などを求めた。この結果、94年には約7億円以上の国の事業、約25億円以上の地方自治体の事業については一般競争入札にすると日本政府が約束するに至る。[23]こうして、関西新空港建設においても、ベクテル社をはじめとする米欧の外国資本の参入が開始される。[24]

　実は、この日米間の建設協議と並行して、アメリカ政府はガット・ウルグアイ・ラウンドの多国間交渉においても、政府調達市場だけでなく、サービス貿易、知的所有権をめぐる「自由化」を求める新たな枠組みをつくろうとしていた。ガット・ウルグアイ・ラウンドは、1986年から開始され、94年にマラケシュ協定を採択する。これにより前述のアメリカ提案の新たな枠組みを採り入れた附属文書（GATS＝サービス貿易に関する一般協定、TRIPS＝知的所有権の貿易関連の協定、GPA＝政府調達に関する協定）と併せて世界貿易機関（WTO）の設立を決めたのである。WTOは95年1月1日に発足する。

　以上の流れからわかるように、現代の「自由貿易」は、もはやモノとしての商品の輸出入の自由化のみを意味するものではない。金融を含むサービス貿易、知的所有権そして政府調達までも包含した国際的取引を指している。それらを市場として捉え、資本蓄積の対象としている存在こそ、多国籍企業にほかならない。複数の国に生産・販売拠点を設けて、企業内貿易を行うとともに、特許をはじめとする知的所有権や金融・インターネット取引で蓄財をとげる多国籍企業にとっては、商品の関税以上に、国ごとに異なる法制度を統一し、ヒト、モノ、カネ、情報を自由に行き来できるグローバルな活動空間の形成を図ることこそ最大の関心事であり、共通の利益となる。

　したがって、通商交渉を国と国との「国益」争いと見るのは、あま

23　中北徹「政府調達からみた市場開放」『日本経済研究』第31号、1996年
24　岡田知弘『地域づくりの経済学入門』自治体研究社、2005年

りにも皮相的である。むしろそこでの主役は、多国籍企業だからである。ちなみに、2014年時点で、アメリカ多国籍企業の企業内貿易額は、アメリカの輸出額の30％、輸入額の50％を占めているのである。あるいは、例えば、日本の薬品多国籍企業がアメリカに現地法人をもっており、そこではアメリカの医薬品業界の一員としてロビー活動を行っている。その要求が、日本の薬事行政の規制緩和であるなら、アメリカ政府からの外圧によって、自らの市場拡大を果たすことができる。逆に、そのような規制緩和によって再び薬害が日本国内で広がるならば、人々の健康よりも、多国籍企業の利益が優先されるということを意味する。多国籍企業の「私益」が国民や住民の「公益」に優先されることこそ、現代の「自由貿易主義」の本質であるととらえることができる。併せて、グローバルな規模での「私益」の追求は、公共政策を私物化することで、公共政策を変質させ、公共サービスや公務労働の再編・解体することを意味した。

(2) 関税撤廃の影響をどう見るか

以上の視点から、今回のTPP協定の内容を検証することにしよう。まず関税撤廃である。

TPPは、関税率引き下げではなく、原則的に関税撤廃を目標にした交渉を、農産物だけでなくあらゆる工業製品についても行った。第二次安倍政権ができる直前まで、TPP絶対反対をスローガンにしていた自民党は、民主党から政権を奪取するや否や、TPP交渉にのめりこむ。その際、農業関係者の反発を抑えるために主要農産品5品目を自ら設定し、その死守を公約した。

しかし、締結された協定文を見ると、農産品5品目（米、麦、牛・豚肉、乳製品、砂糖）の29％（170品目）の関税撤廃を認めたほか、5品目以外の98％の品目の即時あるいは段階的な関税撤廃を約束してい

---

[25] 小山大介『米日多国籍企業の海外事業活動と企業内貿易の展開』京都大学博士学位請求論文、2016年

るのである。農産品5品目についても、米については8万tの「特別輸入枠」の設定、牛・豚肉関税はとくに大幅に引き下げられた。加えて、農産物輸出5ヵ国と7年後以降の見直し協議も約束してしまった。他方で、「取るものは取る」とした自動車関係では、米国自動車関税のうち完成車については、事実上30年後に撤廃ということとなり、関税撤廃分野でいえば譲歩に譲歩を繰り返した様子がわかる。

　日本政府は、TPPの「国益」を強調するために、経済効果試算を繰り返してきたが、2013年の政府統一試算では、対GDP比プラス0.66％、プラス3.2兆円の効果があるとしかいえなかった。そこで、TPPの大筋合意後、新たな試算結果を発表する。対GDP比プラス2.59％、13.6兆円の効果で、雇用も79.5万人増えるという数字であった。この推計値の算出は、輸入品の増加によって価格が低下すれば企業は生産性を高めるだろうとか、農家がTPP対策の恩恵を十二分にいかして生産性を高めるだろうとか、労働力移動が自由になされ失業者は増えないだろうといった架空の前提がいくつも重ねられたものであった。

　だが、東京大学の鈴木宣弘が指摘するように、実際の経済的影響は、政府試算が前提しているように農産物単独の影響に留まらず、第二次産業、第三次産業にも波及する。また、北海道で離農した人が、即座に成長産業のある大都市圏に移動し仕事に就ける保障はどこにもなく、むしろ失業する可能性の方が強い。そこで鈴木が推計したところによると、農林水産物への影響が1.5兆円、産業連関効果によって3.6兆円のマイナス、雇用は76.1万人減となった。[26]

　さらに、アメリカのタフツ大学世界開発・環境研究所が国連の国際経済政策モデルを使って試算したところ、**図表3-9**のような結果となった。日本もアメリカもGDP増加率はマイナスで、失業者は増加するというのである。この試算に関わったジョモによると、この間、応用一般均衡モデルを使った計算では、貿易自由化による経済成長効果は、非常に小さいということが明らかになっており、アメリカの経済学

---

[26] 鈴木宣弘「TPPの効果・影響評価の誤謬」『農業と経済』82巻2号、2016年

者の常識になっているという[27]。彼らの試算では、その応用均衡モデルを批判し、貿易収支不変、財政収支不変、完全雇用、所得分配不変の仮定を取り除き、より現実的な仮定を導入している。ジョモは、最後にこう述べている。「TPPは自由貿易協定では決してない。管理された貿易協定である。それは、強大な企業利益のための、企業による管理である。TPPはこれまで進められてきたWTOの多国間貿易システムを根源から否定し、各国の農業や食料安全保障を崩していく。各国の貿易による利益はごくわずかな一方で、大企業のためのルールの書き換えによって、重大な長期的影響が人々に生じる」「すべての人びとが敗者となり、大企業だけが勝者となる最悪の貿易協定である」。だからこそ、かつての自由貿易主義者であったスティグリッツやクルーグマンもTPPに反対しているのであると[28]。こうした背景があったために、アメリカ大統領選挙では民主党、共和党ともに党員から「TPP反対」の声が高まったといえる。

図表3-9　TPPによるGDPと雇用の増加（2015-2025）

国　名	GDP増加率 （10年）	失業者増加数 （10年）
米　　国	−0.54%	−448千人
カナダ	0.28	−58
日　　本	−0.12	−74
豪　　州	0.87	−39
NZ	0.77	−6

（出所：ジョモ（2017）、123頁、表1から作成）

(3) 非関税障壁撤廃と投資の自由の保証（ローカルコンテンツ、ISDS）

では、ジョモが言っている「大企業のためのルールの書き換え」とは何か。これが、いわゆる非関税障壁の撤廃である。実際、2011年末にTPP交渉参加説得のために日本を訪問した米国通商代表部代表補であった「カトラー氏は、既に工業分野などでの日本の関税率は極めて低い水準にあるとし、米企業が直面しているのは非関税障壁だとした」[29]。国境を越えてヒト・モノ・カネを自由に動かし、多国籍企業が

---

[27] ジョモ・K・スンダラム「自由貿易で誰が得をし、誰が損をするのか―『経済効果』の真実」『自由貿易は私たちを幸せにするのか?』コモンズ、2017年
[28] 注26に同じ
[29] 『時事通信』2011年12月4日

確実に利益を確保できるように活動するために、国の法制度だけでなく、地方自治体の制度、政策に関わる介入を正当化する条項が盛り込まれたのである。

その意味で、TPP協定のなかでも、第9章「投資」と第15章「政府調達」が最も重要な部分である。

投資章には、ローカルコンテンツ規制を禁止するという条文が盛り込まれた。政府による和訳では「特定措置の履行要求」となっている。「いずれの締結国も、自国の領域における締結国又は非締結国の投資家の投資財産の設立、取得、拡張、経営、管理、運営又は売却又はその他の処分に関し、次の事項の要求を課してはならず、又は強制してはならず、また、当該事項を約束し、又は履行することを強制してはならない」とされているが、その事項とは、「一定の水準又は割合の現地調達を達成すること」や「自国の領域において生産された物品を購入し、利用し、もしくは優先し、又は自国の領域内の者から物品を購入すること」がリストアップされている。

例えば、現在、多くの日本の自治体では、企業立地協定において、地元からの物品、工事、サービスの調達を求めたり、非正規雇用ではなく常用雇用を求めている。これらは、現地調達(ローカルコンテンツ)と言われる制度である。1980年代から発展途上国だけでなくアメリカでも、「ローカルコンテンツ」による地域貢献を求める「バイアメリカン」運動が、特に、民主党の強い州で広がっていった。現在、日本では中小企業振興基本条例や地域経済振興基本条例を定める自治体が増えており、その条例の中に、大企業の役割や金融機関の役割条項を設ける自治体も増えている。これらが、内外の多国籍企業や大企業にとっては利益確保の障壁として捉えられているのである。

そこで、外国投資家が自らの投資利益が損なわれると判断した場合、国際法廷に訴えることができるという投資家対国家の紛争処理条項(ISDS：Investor-State Dispute Settlement)が自由貿易協定に標準装備されるようになった。このような規定を含む通商協定が発効する

と、ローカルコンテンツ規制がISDS条項の対象として国あるいは地方自治体が外国投資家によって訴えられる可能性がでてくるわけである。なお、ISDSについては、本書の第4章で詳しく述べる。

韓国では、同様の条項が入った米韓FTAが発効したために、例えばソウル市では大規模店の立地を規制したり、学校給食への遺伝子組み換え食品の使用を禁止した条例が米韓FTA違反の恐れがあるとし、その改正に着手せざるをなくなったという。[30]大型店立地規制だけでなく地元経済への貢献、さらに子どもたちの安全な給食サービスもできなくなるという地方自治の侵害が起こるのである（第2章参照）。

(4) ねらわれる地方自治体の調達契約

政府調達の章を見ると、協定文書の冒頭部分では、WTO協定と同じく、「政府」の定義としては、国の諸機関に加えて都道府県と政令市に限定している（附属書15-A）。ただし、アメリカの州は入ってはおらず、連邦機関のみが対象である。この非対称性にも重大な問題がある。また、附属書15-Aでは、対象基準額が中央政府と地方政府に分けて、以下のように記述されている。

【中央政府】

物品10万SDR（1300万円）、建設サービス450万SDR（6億円）、その他のサービス10万SDR（1300万円）

【地方政府】

物品20万SDR（2700万円）、建設サービス1500万SDR（20億2000万円）、その他サービス20万SDR（2700万円）

また、第15.4条では、「一般原則」として、「内国民待遇及び無差別待遇」が掲げられ、各締結国（その調達機関を含む）は、対象調達に関する措置について、他の締結国の物品及びサービス並びに他の締結国の供給者に対し、即時にかつ無条件で、次の物品、サービス及び供給者に与える待遇よりも不利でない待遇を与える」とした。さらに、

---

30 郭洋春『TPP すぐそこに迫る亡国の罠』三交社、2013年

締結国は、「電子的手段の利用」の機会の提供に努めるものとされている。

以上は、WTO協定の政府調達規定と同じ内容である。ただし、条文をよく読んでみると、このまま対象機関や金額基準が固定されているわけではないことがわかる。

すなわち、第15.24条2項では、「締結国は、この協定の効力発生の日の後3年以内に適用範囲の拡大を達成するため、交渉（地方政府に関する適用範囲を含む）を開始する。また、締結国は、当該交渉の開始前又は開始後においても、地方政府の調達を対象にすることについて合意することができる」とされているのである。

この追加交渉をすすめるための機関として、第15.23条では、政府調達に関する小委員会の設置規程が書き込まれている。第15.24条では、その役割として、追加的な交渉を行い、「調達機関の表の拡大」「基準額の改定」「差別的な措置を削減し、及び撤廃すること」を議題にすると明記されたのである。

つまり、TPPの初期設定においては、WTOと同じ水準から始まるものの、それで永久に続くわけではなく、3年後以降に見直しされて、その後地方自治体を中心に、対象機関の拡大と適用基準の引き下げが当初から盛り込んだ内容になっているのである。

ちなみに、TPPに先行する4ヵ国が2006年に締結したP4協定で制定された政府調達の基準は、630万円以上の物品・サービス、6億3000万円以上の工事については、TPP参加国の内国民待遇が求められている。この水準でいくと、日本のほぼ全ての市町村の調達行為が対象になる。また、EUと日本のEPA交渉では、2015年2月の会議において、EU側が政府調達の対象として一般の市町村まで拡大することを要求してきたのである[31]。したがって、今後、すべての市町村の政府調達が市場開放の対象になる可能性は否定できない。

---

[31] 「エコノミックニュース」2015年3月18日付。なお、2017年7月の日本とEUとのEPA「大枠合意」では、中核市の物品・サービス調達の開放が盛り込まれた。

現在、日本の地方自治体では、自治体の公共調達の地元発注条項を入れた中小企業振興基本条例や、最低の賃金や再生産費を設定したり、地元企業を優先することを盛り込んだ公契約条例を制定するところが増え、前者は43道府県を含む261自治体、後者は30自治体を超えている[32]。TPPに盛り込まれた内容がFTAやEPAに適用されると、これらの条例の内容がISDS条項の対象になる可能性も否定できない。

　例えば、2014年に制定された相模原市の「がんばる中小企業を応援する条例」を例にとってみよう。

　同条例第6条では「大企業は、中小企業の振興が市内経済の発展において果たす役割の重要性を理解し、市が実施する中小企業の振興に関する施策に協力するよう努めるものとする」とある。これは、運用次第では、TPPのローカルコンテンツ規定禁止に抵触する可能性が大である。

　また、第8条(3)では、「市が行う工事の発注、物品及び役務の調達等に当たっては、予算の適正な執行並びに透明かつ公正な競争及び契約の適正な履行の確保に留意しつつ、発注、調達等の対象を適切に分離し、又は分割すること等により、中小企業者の受注の機会の増大に努めること」とあり、これも、TPPの政府調達章の関連項目に抵触する可能性が大である。

　さらに、相模原市では2012年に公契約条例を制定している。相模原市は政令市に移行したため、WTO協定の下で政府調達条項の対象機関となっている。

　同公契約条例の第2条では「この条例において『公契約』とは、市が契約の当事者となる工事又は製造その他についての請負の契約及び労働者派遣契約をいう」と広い範囲で設定している。対象となる契約として、現時点においては、市が発注する予定価格1億円以上の工事請負契約、市が発注する予定価格500万円以上の業務委託に関する契約又は労働者派遣契約のうち、次に関わるものとして仕事の内容を明

---

[32] 岡田知弘他『増補版　中小企業振興条例で地域をつくる』自治体研究社、2013年

確にして規定している。そして労働報酬の下限額の設定と市による立ち入り調査権を規定している。工事請負契約、業務委託契約それぞれについて、最低賃金が決められている。これは、TPPの政府調達章の内国民待遇、非差別条項との抵触可能性が出てくる内容である。

また、第3条の基本方針では、「(4) 事務及び事業の性質又は目的により、価格に加え、履行能力、環境への配慮、地域社会への貢献等の要素も総合的に評価して契約の相手方となる者を決定する方式の活用を推進すること。(5) 予算の適正な使用に留意しつつ、地域経済の活性化に配慮し、市内の中小企業者の受注の機会の増大を図ること」とあり、これらはローカルコンテンツ要求禁止や大企業の市場縮小の点で訴えられる可能性があろう。

労働報酬下限設定、立ち入り検査権も、自由な投資活動を阻害するとしてISDSで訴えられる可能性もある。

以上に加えて、TPP協定第17章国有企業では、「地方政府が所有し、又は支配している国有企業等」に関わる規定も、5年以内に小委員会で追加的交渉を行うことが明記されている（附属書17C）。第3セクターや直営の施設、病院なども対象になるということであり、政府調達と同じく、調達における無差別待遇が強制されることになる。

これに加えて、内田聖子が本書第1章で強調しているように、秘密裡に交渉が進められている新サービス貿易協定（TiSA）では、公共サービスを貿易商品とみなして開放する議論がなされている。日本側では、地方自治体の「公的サービスの産業化」政策[33]の一環として外国資本への水道事業等の開放が進められており、公務公共サービスの解体と外国資本を含む民間資本の利潤機会の創出が一体として進められていることに注意しなければならない。

33　岡田知弘「『公的サービスの産業化』で誰が幸福になるのか」『自治と分権』秋号、2016年

4 国民主権・国家主権・地方自治権を侵害する憲法違反の通商協定

　こうして見てくると、TPP協定の内容は、それが実行に移されると、地域経済に関わる問題以上に、深刻な問題を含んでいることがわかる。

　非関税障壁の撤廃とは、多国籍企業の経済的利益を最優先し、各国の国家主権の下に国民生活の安全や福祉の向上、国土保全のために作られてきた独自の法制度や条例を改廃するということである。

　これは国家主権の破壊という問題だけでなく、民主国家の大前提である国民主権の侵害という問題でもある。TPP協定では、27章でTPP委員会の設置を規定している。TPP協定では、これまで説明してきた投資や政府調達の章だけでなく、他の多くの章において小委員会や作業部会を設け、時限を切りながら利害関係者も入れた追加的交渉をすることとし、初期に設定された経過措置や例外を撤廃するなど、内田聖子がいうように「エンドレスの自由化」が想定されている。その小委員会の司令塔的な役割を果たすのがTPP委員会である。

　TPP委員会は締結国政府代表者によって構成される。つまり首脳国会議と同じで、閣僚会議級のものである。TPP委員会の権限は強大であり、協定の改正、修正の提案、協定に基づいて設置される全ての小委員会、作業部会の活動を監督すること、締約国間の貿易・投資を一層拡大するための方法を検討することなどが規定されている。加えて、特別もしくは常設の小委員会、作業部会、その他の補助機関の設置、統合、解散、附属書の改正等を行うことができる。

　さらにその意思決定は、コンセンサス方式（全加盟国の了解）とされる。だが、親規定にあたる第30章には、新たに持ち込まれた第2ルールのGDP 85％以上、6ヵ国の合意があれば足りるという大国主義を持ち込んでいる。この親規定が存在することによって、大国が中心となって協定の各章も変えられる可能性は否定できない。

　しかも、交渉過程に関わる情報は、発効後4年間は国会議員にも公

開してはならないことになっている。したがって追加交渉の内容が、一体、どれだけ国民や国会に公開され、その判断を仰ぐ材料が出てくるのかも極めて疑問である。ただし追加交渉には、利害団体としての多国籍企業や産業団体のロビイストは参加可能なので、彼らが随意に協定内容を変更することが可能な仕組みになっているのである。細かい改定内容になると、条約批准議案として国会に出てこない可能性も十二分にある。それは完全に白紙委任ということであり、国民主権の侵害ということになる。

国連もWTOも、一国一票の協同組合的な民主主義の原理で運営されている組織である。ところが、協定30章にあるTPPの意思決定ルールは、第1ルールは協同組合主義であるが、それができない場合の第2ルールである85％条項は株主総会方式である。大株主が全てを決定できるというものである。これは参加国全体に関わる国家主権の問題である。さらに、地方自治体で判断できる領域が狭まり、制限の方が大きくなるということは、明らかに地方自治権の侵害である。しかも、サービス貿易の章では、いったん緩和した規制は再びその水準をあげてはならないという「ラチェット」条項も入っている。これでは、国民や住民の基本的人権や生存権も守ることができないことになってしまう。明らかに憲法違反の通商条約であるといえる。

5　自治体が中心となって地域経済・地域社会を守るバリアづくりを

いま、安倍政権は、少数の多国籍企業の経済的な利益のために、大変な時間と税金を費やして憲法違反の通商交渉を繰り返している。第1章でも紹介されているように、アメリカをはじめ、各国でTPPやFTA反対運動が広がっている。世界的な視野でそうした社会運動と連携しながら、日本国内でも運動を広げていく必要がある。その際、地方自治体ごとに、それらの協定が締結、発効する前に、中小企業振興基本条例や公契約条例というバリアをつくり、それを実質化していく

ことが必要になっている。そうすれば、地方自治体のあり方を多国籍企業重視ではなく地元中小企業優先に切り換え、それによって住民一人ひとりの生活、福祉の向上という地方自治体の本来のミッションを達成することができる。しかも、そのような自治体が数多くできれば、政府もそう簡単には地方自治権や国民主権を損なうような協定、条約を結ぶことができなくなるであろう。

今回のTPP協定についても、秘密交渉ルールがあるために、地方自治体に関わる条項が多いにもかかわらず、自治体の首長や幹部にはほとんど中身のある説明がなされていない。これこそ、団体自治の否定でもあり、経済民主主義の点でも許されないことである。この点については、今後も地方六団体が中心になって政府の責任を追及すべきであろう。

次に、なぜ中小企業振興基本条例や公契約条例の制定、実質化が、地域経済や社会を守るバリアになるのかという点について説明を加えておきたい[34]。

1999年に中小企業基本法の改正と、農業基本法に代わる食料・農業・農村基本法が制定された。どちらの法律にも新しい条項が加わった。すなわち中小企業基本法の第6条には、「地方公共団体は、基本理念にのっとり、中小企業に関し、国との適切な役割分担を踏まえて、その地方公共団体の区域の自然的経済的社会的条件に応じた施策を策定し、及び実施する責務を有する」とされ、同様の条項は食料・農業・農村基本法にも書き込まれた。それまで、地方自治体の産業政策は、国の政策に準じていればいいというものであった。例えば、補助金や融資は国の水準に「上乗せ」したり、「横出し」する方法ですんだ。ところが、地方分権一括法が制定され、「地域産業政策については地方自治体が政策を策定し、実施する責務がある」という「地方分権」に合わせた改定がなされたのである。これは他方では国の地域産業に対する責任放棄の一面もあったが、地方自治体の産業政策にとって大きな画期

---

34 注32に同じ

となった。

これに基づき、大阪府の八尾市など早いところでは2000年頃から中小企業振興基本条例が制定され、大企業の役割規定などを盛り込んだ条例が広がっていった。同種の条例としては、1979年の墨田区の条例が最初であり、その後東京都の区レベルで条例制定が続く。そして、この法改正の後に一気に地方に広がっていくことになった。

さらに民主党政権時代の2010年に、EUの小企業憲章に倣い、「中小企業は、経済を牽引する力であり、社会の主役である」という有名な前文から始まる中小企業憲章が制定された。自公政権に代わっても、この閣議決定は有効であると国会で答弁されたこともあって、中小企業家同友会や全国商工団体連合会が中心となった条例制定の動きがさらに加速していくことになった。

ただし、1999年の法改正にともなう初期の中小企業施策は、中堅規模以上のがんばる企業中心の施策が多く、従業者数が少ない小規模企業に対する施策が薄かったこともあり、その後、全国商工会連合会が中心となって運動し、小規模企業振興基本法が制定されることになる（2014年）。そこでは、これまでの成長という側面だけではなく、小規模企業の社会維持効果に光があたることになった。

そして2015年には、都市農業振興基本法が議員立法で制定される。これにより、3大都市圏に限らず、地方都市においても自ら都市農業が大事だという認識の下に区域設定を行い、農のある町づくりや地域づくりが可能となった。こうして、産業施策の対象や内容が充実し、地方自治体でできる政策領域が広がることとなった。

国の地域産業政策が「地方分権」志向になるなかで、前述したように地方自治体では中小企業振興基本条例や小規模企業振興基本条例の制定が相次ぎ、道府県では43に達する（東京都は未制定）。とくに東日本大震災以降は、小規模企業の防災上の役割が評価され、防災の視点を入れた条例が増えていることが特徴的である。

すでに旧中小企業基本法の下、ほとんどの地方自治体が中小企業向

けの補助金や融資、減税に関わる根拠条例をもっている。これらは特定の施策を特定の中小企業に向けて執行するための「実施条例」というべきものである。これに対して、いま広がっている条例は、基本条例、あるいは理念条例といわれるものである。地方自治体として、どのような地域経済をつくり、そのために何をやっていくのかという理念と基本方針を示した、いわば「産業政策の憲法」というべき条例であり、首長や担当者が変わっても法人としての地方自治体が住民に対して責任を持って施策を講じることを公約した条例である。

この条例の組立をみると、多くの場合、まず中小企業は地域経済、地域社会の担い手であるとの役割を明確にしている。次に地域づくりを進めるために中小企業の振興は必要であるとの公益性を明らかにしている。そして自治体、企業、経済団体、住民等の主体がそれぞれ何をやるのかを示すととともに、中小企業と大企業の役割規定を明確に規定する。自治体については、中小企業の受注拡大に努めるとし、公契約による地域経済振興も可能な条項を入れている自治体も多い。大企業は、中小企業の育成や支援に努めるものとする、という地域貢献の努力規定によって、地域経済全体の振興を図るというものである。

2012年の愛知県条例以来、金融機関の役割規定も入るようになった。愛知県では、東海銀行がなくなり、メガバンクの本店が東京に移ってしまう事態を迎える。愛知県全域をカバーして中小企業に情報提供したり、信用を供与する銀行がなくなってしまった。地元の第二地方銀行や信用金庫の力は弱く、隣県から銀行がどんどん参入した。そこで、地方自治体が金融機関を地元貢献型に誘導するための条項を盛り込んだわけである。アメリカでは、地域再投資法として1980年代から存在する考え方、手法であり、地域貢献規定でもある。

TPPでは強く否定した大企業や金融機関の地域貢献の努力規定を、地方自治体が中小企業振興基本条例のなかに入れ込み、それを実質化することで、地域経済全体の地域内再投資力を高めることができると

いうことである。

　最近では、「地域内経済循環」や「農商工連携」などを明記する地方自治体も増えている。これも、TPPと真っ向から対立する地元優先の考え方である。さらに、福祉や教育、環境保全は産業施策と一体だという考え方を入れる自治体もある。それらは地域の中では全てつながっているからであり、「住民の福祉の増進」を最大目的にした地方自治体にとっては極めて合理的な規定であるといえる。

　これらの条例の内容を実質化させるためには、一つには産業振興会議や円卓会議を置いて、施策の進行管理を当事者である中小企業経営者も入れて、毎年行うことが必要である。また、その施策の結果を、住民にもわかるように「見える化」することである。例えば、日本最大規模の基礎自治体である横浜市では、2010年に中小企業振興基本条例が制定されたが、それに基づき、毎年議会に対して実施状況を報告している。報告書は同時にホームページでも公開し、地元中小企業に建設工事、物品入、役務（サービス）をどれだけ発注したかという実績を契約担当、区役所別に詳細に報告している。TPP以上のFTAが発効すると、こうした取組みができなくなる恐れがあるうえ、地域住民や企業が納めた税金が、地元に循環するのではなく、多国籍企業の餌食になる可能性があるということである。逆に、それらの税金を、これまで以上に活用すれば、地方自治体の有する財源が地域内に循環し、地域経済を担う中小企業や勤労者の所得となり、地域経済の発展に寄与することになる。

　このような条例による方策とは別に、官公需適格組合制度を活用して、一般競争入札ではなく、とくに住民の安全、安心のために必要な事業であり、かつ品質の高いサービスを提供してくれる中小企業の事業協同組合に対して指名競争入札や随意契約によって発注する取組みが官公需適格組合全国協議会の運動のなかで広がりつつある。また、神奈川県の「いのち貢献度指名競争入札」制度のように災害時に重機をもって対応してくれる中小建設事業者が地域で事業継続できる仕組み

を創ることもできる[35]。

　現行憲法の下であれば、こうした地域振興のための条例の制定や施策は何の問題もない。各自治体が TPP あるいはそれに類する FTA や EPA 条約反対の意志を込めて条例を制定し、それを実質化していくことで、国民主権、地方自治権、国家主権を守ることができ、地域の住民の生活の向上、地域経済の持続性を実現することができるのである。同時に、少数の多国籍企業の利益を優先する国の経済政策、その意思決定システムを根本的に改めることを追求すること、そのために社会運動の国際連帯を広げていくことも必要不可欠である。

35　岡田知弘・秋山いつき『災害の時代に立ち向かう　中小企業と自治体の役割』自治体研究社、2016 年

第Ⅱ部

TPP・FTA と国民主権・公共サービス

第4章
国民・住民主権を侵害する ISDS 条項

三雲崇正

1　ISDS とは何か

(1)　ISDS（Investor-State Dispute Settlement）[1]とは何か

　ISDS とは、外国の投資家が、投資協定の規定に違反する（と投資家が考える）投資受入国の措置により損害を被った場合に、損害賠償や原状回復等の救済を求めて申し立てる解決手続きをいう。

　ここで、「投資協定の規定」とは、関税や非関税障壁、あるいはサービスの自由化等、貿易にかかわるルール（貿易協定）とは別個の投資章における規定を指す。TPP でいえば第9章の A 節の規定（3(2)にて後述）がこれに該当し、それ以外の箇所の規定に違反する措置は、特に ISDS の対象となることが明示された場合又は投資章の規定にも違反すると解される場合を除き、ISDS 条項に基づく紛争解決手続の対象にはならない。[2]

　ISDS の大きな特徴は、投資家が投資受入国を相手方として訴える先が、裁判所ではなく、紛争解決国際センター（ICSID）[3]ルールや国際連合国際商取引法委員会（UNCITRAL）[4]ルールなどの国際仲裁ルールに基づき設置される投資仲裁廷であることにある。仲裁廷は、国内裁判所や常設の国際裁判所とは異なり、専属の裁判官による裁判（判決）ではなく、裁判官役を果たす（原則として）3人の仲裁人により、

---

[1]　直訳すると「投資家・国家間紛争解決」となる。
[2]　ただし、後述する通り、投資協定違反の判断基準となる「公正衡平待遇義務」や「収用」といった概念が広範であるため、貿易投資協定の他の章の規定に違反する行為も ISDS 条項に基づく紛争解決手続の対象となりうる。
[3]　https://icsid.worldbank.org/en/
[4]　http://www.uncitral.org/

紛争解決のための判断（仲裁判断）が下される。

(2) なぜ ISDS が必要になったのか

投資家が外国に保有する投資対象財産は、しばしば投資受入国政府の予測困難な行為によって失われることがある。例えば1950年代にアジアやアフリカ諸国が独立した際には、独立した国々が領域内の外国人資産を国有化する動きが問題となった。最近でも、ベネズエラが2007年にエネルギー産業等の資産の国有化を行った例がある。その他にも、政府の規制が強化ないし変更された結果、投資対象財産の価値が失われることもある。

投資家は、このような事態が想定される国に対する投資を躊躇することが一般であり、他方で、積極的に外国からの投資を受け入れたい国は、投資協定によって外国投資家の保護を約束することで、投資を呼び込もうとする。

しかし、投資協定に規定された外国投資家保護のための条項の解釈・適用が、投資受入国政府やその影響を受ける国内裁判所に委ねられている場合、投資協定によっても外国投資家が保護されないのではないかという疑問が残る。

このため、投資家の立場としては、投資受入国が投資協定に違反した（と考える）場合には、当該投資受入国の裁判所に対して協定違反を訴えるのではなく、より中立的な紛争解決機関を求めることになる。

ISDS は、このような投資家のニーズに合わせて考案され[5]、多数の投資協定に採用されてきた[6]。2013年11月現在、日本が締結した25本

---

[5] 1959年の西ドイツとパキスタンの投資協定を嚆矢とするとされる（伊藤白「ISDS 条項をめぐる議論」（国立国会図書館『調査と情報―Issue Brief―』第807号）1頁）。また、1966年には「国家と他の国家の国民との間の投資紛争の解決に関する条約（ICSID 条約）」に基づき投資紛争解決国際センター（ICSID）が設立された。

[6] 2012年末時点で、世界中で2857本の二国間投資協定が、また339本の多国間投資協定が締結され、その殆どに ISDS が採用されていると言われる（鈴木五十三「投資協定仲裁（ISDS）を巡って―TPP の一つの論点―」『法律時報』86巻8号1頁）。

第 4 章　国民・住民主権を侵害する ISDS 条項

の投資協定のうち 24 本で ISDS が採用されている[7]。

(3) ISDS 条項に基づく紛争解決手続の概観

外国の投資家が、投資協定の規定に違反する（と投資家が考える）投資受入国の措置により損害を被った場合、どのように ISDS 条項に基づく紛争解決手続が進められるのか、TPP 協定を例に説明する。

ア　協議・交渉を経て仲裁申立

投資家は、まず投資受入国政府との間で協議ないし交渉を行い[8]、それにより問題が解決しない場合には、協定で定める仲裁ルールの中から利用可能なものを選択し、仲裁申立を行う[9]。

通常、投資協定締結国は、予め仲裁付託に同意する旨を約束しているため[10]、紛争が生じた後に投資受入国政府の仲裁合意を得る必要はない。

イ　仲裁廷の構成

投資家により仲裁が付託されると、3 名の仲裁人が任命され、仲裁廷が構成される。3 名の任命は、当事者が 1 名ずつ任命し、さらに当事者の合意により仲裁廷の長となる仲裁人を任命する方法による[11]。

仲裁申立後 75 日以内に仲裁廷が構成されない（仲裁人がそろわない）場合、TPP 事務局長は当事者の要請に基づき仲裁人を任命する[12]。

7　前掲注(5)4 頁
8　19.18 条（協議及び交渉）
9　19.19 条（請求の仲裁への付託）1 項、4 項。TPP では、(i)ICSID 条約及び ICSID 仲裁手続に関する手続規則による仲裁、(ii)ICSID 追加的制度規制による仲裁、(iii)UNCITRAL 仲裁規則による仲裁並びに(iv)投資家及び投資受入国が合意するその他の仲裁機関又は仲裁規則による仲裁、の 4 つから選択して利用することが可能である。
10　9.20 条（各締約国の仲裁への同意）
11　9.22 条（仲裁人の選定）1 項
12　9.22 条（仲裁人の選定）3 項

図表4-1　投資協定・FTA投資章等におけ

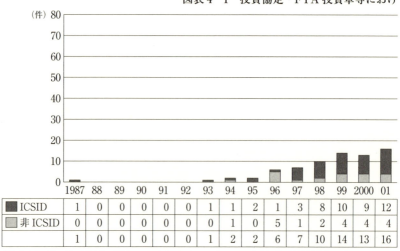

	1987	88	89	90	91	92	93	94	95	96	97	98	99	2000	01
ICSID	1	0	0	0	0	0	1	1	2	1	3	8	10	9	12
非ICSID	0	0	0	0	0	0	0	1	0	5	1	2	4	4	4
	1	0	0	0	0	0	1	2	2	6	7	10	14	13	16

(注1) 2017年1月1日時点の統計。1987年以前においては、ISDS条項に基づく投資仲裁は行われていない。
(注2) 非ICSIDには、ストックホルム商業会議所や国際商業会議所ロンドン国際仲裁裁判所などを含む。
(出典) UNCTAD, "Investment Dispute Settlement Navigator,"〈http://investmentpolicyhub.unctad.org/IS

ウ　仲裁判断

　仲裁廷は、投資家による申立に係る請求が仲裁判断に適さない場合、明白に法的根拠を欠いている場合や仲裁廷の管轄や権限の範囲外である場合等を除き、紛争について審理し、仲裁判断（裁定）を下す[13]。
　この場合の仲裁判断（裁定）は、①損害賠償金及び利息の支払命令、並びに、②財産の返還命令（この場合、被申立人（投資受入国）が財産の返還に代えて損害賠償金及び利息の支払いを行うことができる。）という形でのみ下すことができる[14]。
　なお、国内の裁判制度と異なり、仲裁判断（裁定）に不服がある当事者による上訴を許す仕組みは設けられていない。

13　9.23条（仲裁の実施）4項
14　9.29条（裁定）1項。このことから、仲裁判断は投資受入国の政策や法令を変更するものではないとされる。しかし、仲裁判断後も問題となった政策や法令を変更しなければ、さらに（場合によっては他の投資家により）損害賠償請求を受けることが予想されるため、投資受入国は、事実上政策や法令の変更を余儀なくされる点に問題がある。

第4章　国民・住民主権を侵害する ISDS 条項

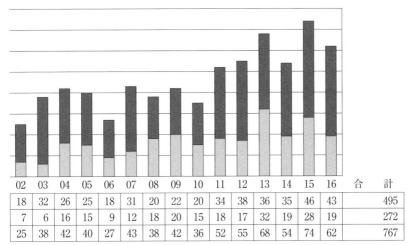

る ISDS 条項に基づく投資仲裁案件の推移

	02	03	04	05	06	07	08	09	10	11	12	13	14	15	16	合計
	18	32	26	25	18	31	20	22	20	34	38	36	35	46	43	495
	7	6	16	15	9	12	18	20	15	18	17	32	19	28	19	272
	25	38	42	40	27	43	38	42	36	52	55	68	54	74	62	767

DS〉を基に作成。

（出所：2017 年 6 月 16 日　国立国会図書館調査及び立法考査局経済産業調査室・課）

エ　強制執行

　被申立人（投資受入国）が最終的な仲裁判断（裁定）に従わない場合、申立人（投資家）の要求に従ってパネルが設置され、申立人（投資家）は、仲裁判断に従わないことが TPP 協定上の義務違反であるとの決定及び仲裁判断に従うようにとの勧告を行うよう求めることができる[15]。

　さらに、当事者は、ICSID 条約、ニューヨーク条約又は米州条約に基づき、仲裁判断（裁定）の強制執行を求めることができる[16]。

2　仲裁事例に見る ISDS の問題性

(1)　はじめに

　上述したように、ISDS は、当初は、特に発展途上国や政情の安定しない国への投資を行う投資家を保護する目的で、投資家が属する国と

15　9.29 条（裁定）11 項
16　9.29 条（裁定）12 項

投資受入国との間の投資協定に導入されてきたが、現在では先進国間の投資協定の多くにも規定されている。ISDS条項に基づく仲裁案件は、1987年に第一号の申立てがなされて以後、2017年1月1日時点までに計767件に達している。[17]

ISDSが導入された意図や紛争解決手続を概観する限り、ISDSは国際投資を促進するための合理的な仕組みであるようにも思われる。

しかし、実際には、ISDS条項に基づく紛争解決手続には、環境保全や人権救済を困難にし、さらには民主的政策決定、地方自治や国家主権との関係で大きな問題があるとされる。以下では、そのような問題があると指摘された過去の仲裁事例を概観し、その上で、なぜそのような問題が生じるのか、TPP協定文の内容に即して議論を進める。

(2) 3つの著名な仲裁事例
ア Metalclad対メキシコ政府事件[18]

有害廃棄物処理場による水質汚染が懸念される中、メキシコ連邦政府は、1994年、米国企業（Metalclad社）に対し、処理場建設予定地の所在する地方自治体（グワダルカサール市）による処理場建設許可を事実上約束した。

しかし、当該地方自治体が同年10月に建設許可がないことを理由に中止命令を出し、さらに95年12月に建設不許可処分を行ったため、Metalclad社が建設した処理場は操業が事実上不可能となった。

そこで、Metalclad社はメキシコ連邦政府によるNAFTA（北米自由貿易協定）違反を理由に仲裁申立を行った。仲裁廷は、メキシコ連邦政府が自治体による操業妨害を阻止しなかったことが、NAFTA 11章の公正衡平待遇義務及び間接収用禁止に違反するとして、約1669万ドルの損害賠償責任を認めた。

---

17 国立国会図書館調査及び立法考査局・経済産業調査室・経済産業課調べ、2017年6月16日
18 Metalclad Corporation v. The United Mexican States, ICSID Case No. ARB(AF)/97/1

イ　S.D.Myers対カナダ政府事件[19]

　米国企業（S.D.Myers社）は、カナダに合弁会社を設立し、カナダ国内で発生するPCB含有廃棄物を米国に輸出し、米国において処理する事業を行っていた。

　しかし、1998年、カナダ政府が、廃棄物の国境を越える移動を規制するバーゼル条約の目的を達成するためのPCB輸出禁止措置を設けたため、事業継続が困難になった。

　そこで、S.D.Myers社は、カナダ政府によるNAFTA（北米自由貿易協定）違反を理由に仲裁申立を行った。仲裁廷は、NAFTA11章に規定された内国民待遇義務及び公正衡平待遇義務に違反したことを理由として、約690万カナダドルの損害賠償責任を認めた。

ウ　Chevron対エクアドル政府事件[20]

　米国企業（シェブロン社）は、その子会社がエクアドル国内で行った石油開発行為により環境汚染（熱帯雨林地帯での水質汚染）を引き起こしたことを理由に、2003年5月に現地住民からエクアドルの地方裁判所に提訴され、2011年2月、地方裁判所により約86億ドルの賠償金の支払いを命じられた。

　ところがシェブロン社は、2009年9月、上記国内裁判と並行して、子会社・エクアドル間の投資契約及び米国・エクアドル間の二国間投資協定に基づき、①シェブロン社及びその子会社には上記環境汚染に関する責任がないことや、②エクアドル国内裁判所が出す判決についてはエクアドルが責任を負うこと等を主張し、ハーグ常設仲裁裁判所に仲裁申立を行った。ハーグ常設仲裁裁判所は、シェブロン社の主張を認め、2012年2月、エクアドル政府に対して上記国内裁判所の判決の執行停止を命じた。

19　S. D. Myers, Inc. v. Government of Canada, UNCITRAL
20　Chevron Corporation and Texaco Petroleum Corporation v. The Republic of Ecuador, UNCITRAL, PCA Case No.2009-23

(3) どのような問題があるのか

これらの仲裁事例から、ISDS条項に基づく紛争解決手続には以下のような問題があると指摘される。

まず、政府の規制措置等の目的が環境保全や健康被害の防止等であっても投資協定違反とされ、損害賠償責任が認められる可能性がある。その結果、規制措置等を設けようとする政府は、投資協定違反の可能性を常に検討しなければならず、特に外国投資家から指摘を受けた場合には、規制措置等を断念しなければならない可能性もある（これをISDSの萎縮効果（"effect of chilling legislation", "chilling-effect"）という。）。[21]

このことは同時に、国レベルあるいは地域レベルでの民主的なプロセスを経て形成される政策に対し、外国投資家が、ISDSの萎縮効果を利用し、あるいは実際の仲裁申立によって、外部から介入可能になることを意味している。

また、投資家の活動により実際に環境汚染や健康被害等の人権侵害が生じた場合、これを救済する目的で出される国内裁判所の判決であっても、投資協定違反とされる可能性がある。

さらに、Chevron対エクアドル政府事件のように、国内裁判所の出した判決の執行停止を当該国政府に対して命じる（仲裁廷によりエクアドルの憲法上確立された三権分立原則が否定される。）といった国家主権そのものにかかわる問題もある。

このような問題があることから、投資協定にISDS条項を導入することに対しては根強い懐疑論があり[22]、TPP交渉過程においてもISDS条項を設けることに関する強い反対も見られた[23]。

---

21 Corporate Europe Observatory, 'Still not loving ISDS: 10 reasons to oppose investors' super-rights in EU trade deals' (April 16, 2014) <https://corporateeurope.org/international-trade/2014/04/still-not-loving-isds-10-reasons-oppose-investors-super-rights-eu-trade>. この記事では、Phillip Morris Asia Limited（PMA）がオーストラリアのたばこ包装規制法による投資協定違反を主張した事例（Philip Morris Asia Limited v. The Commonwealth of Australia, UNCITRAL, PCA Case No.2012-12）を引き合いに、ISDSの萎縮効果を懸念している。

22 同上

しかし、上述した仲裁事例が存在することだけでは、ISDS条項がなぜこのような問題を生じうるのか明瞭でない。以下、具体的な問題点について、TPP協定第9章（投資章）の規定を題材に考察する（以下、条文番号は断りのない限りTPP協定のものを指す）。

3　ISDS条項の問題点

(1)　TPP協定第9章（投資章）の構造

TPP協定第9章（投資章）は、ある締約国に対して投資を行った別の締約国の投資家を保護するための規定を集めた章である。

このうち、A節は、投資受入国である締約国が海外投資家による投資を保護するためにどのような義務を負っているか、すなわちB節（手続規定）で規定される紛争解決手続が発動した場合に、仲裁廷の判断の基準となるべき原則が規定されている、いわば実体規定に当たる部分である。

B節は、投資受入国がA節の規定に違反し、投資家を保護しなかった場合に、投資家が仲裁により救済を求める際の手続き等が規定されている[24]。

(2)　A節（実体規定）の問題点

ア　広すぎる「投資財産」の定義

9.1条では、投資章の保護の対象となる「投資財産」が定義されている。

ここで、「投資財産」とは「投資家が直接又は間接に所有し、又は支配する全ての資産であって、投資としての性質を有するものであり」、

23　例えばオーストラリア政府は、2011年4月12日、今後締結する投資協定にISDS条項を設けない方針を発表した。Jürgen Kurtz, 'The Australian Trade Policy Statement on Investor-State Dispute Settlement' (August 2, 2011) <https://www.asil.org/insights/volume/15/issue/22/australian-trade-policy-statement-investor-state-dispute-settlement> 参照

24　厳密には「ISDS条項」はB節のみであり、A節はISDSによる紛争解決手続を設けない投資協定にもみられる規定であるが、ここでは第9条（投資章）全体をISDSとし、そのうちA節を実体規定、B節を手続規定と呼ぶ。

一般に投資対象として想像される企業、株式、動産及び不動産等に限らず、知的財産や一定の類型の契約も含む[25]。

このようにTPPにおける「投資財産」の概念は広範である。特に、特許、商標やライセンス等の「知的財産」や一定の「契約」が「投資財産」に含まれることから、ISDSによる仲裁申立が可能な「投資家」の範囲は非常に広いと考えざるを得ない。

イ　投資受入国の広範な義務

(ア)　概要

投資受入国は、他の締約国からの投資に関し、①内国民待遇[26]、②最恵国待遇[27]、③国際慣習法上の原則に基づく待遇(「公正かつ公平な待遇」及び「十分な保護及び保障[28]」)、④収用及び補償[29]、⑤特定措置の履行要求の禁止[30]、等の義務を負っている[31]。

これらのうち、従前の投資協定の下で、投資家がISDSによる投資仲裁においてしばしば主張し、問題となってきたものが、「公正かつ公平な待遇」並びに「収用及び補償」である。

---

[25]　9.1条（investment（「投資財産」））。
[26]　9.4条（National Treatment（「内国民待遇」））。自国の投資家と外国の投資家とを、同様の状況においては同様に取り扱う義務である。
[27]　9.5条（Most-Favoured-Nation Treatment（「最恵国待遇」））。TPP締約国が他の締約国からの投資家に対し、TPP締約国及びそれ以外のいずれの国からの投資家に対して与える待遇よりも不利でない（同等以上の）待遇を与える義務である。
[28]　9.6条（Minimum Standard of Treatment（「待遇に関する最低基準」））
[29]　9.8条（Expropriation and Compensation（「収用及び補償」））
[30]　9.10条（Performance Requirements（「特定措置の履行要求」））。一定の例外を除き、外国投資家に対してその調達又は販売等の取引及びライセンス契約による技術移転等に関して（主に国内産業を保護、優遇又は振興する目的での）一定の措置の履行を要求してはならない義務である。
[31]　その他にも、9.7条（Treatment in Case of Armed Conflict or Civil Strife（武力紛争又は内乱の際の待遇））、9.9条（Transfers（「移転」））、9.11条（Senior Management and Boards of Directors（「経営幹部及び取締役会」））といった義務規定が存在するが、本稿では紙幅の都合上割愛する。

(イ) 公正かつ衡平な待遇義務
(a) 従前の投資協定での問題

締約国は、他の締約国の投資家に対し、国際慣習法上の原則に基づく待遇として、公正かつ公平な待遇を付与することとされている[32]。

ここで、「国際慣習法」とは「国家が法的義務があるとみなして従う国家による一般的かつ一貫した実務」により導かれるものであるとされる[33]（TPP協定附属文書9-A）。

しかし、この説明は必ずしも基準として明確ではない。同様に、これまで様々な投資協定に規定された「公正かつ衡平な待遇」義務（公正衡平待遇義務）の概念は不明確であるとの批判があった[34]。

特に、北米自由貿易協定（NAFTA）では、仲裁判断において「公正かつ衡平な待遇」が国際慣習法上の待遇以上のものを含むとされた事例[35]や、協定上の他の規定に違反する場合には必然的に公正衡平待遇義務違反が認められるとされた事例[36]が出たことから、概念の明確化を図るための覚書が求められる事態となった[37]。

(b) TPPでの対応とその評価

TPP協定では、従前の投資協定の下で公正衡平待遇義務が濫用されたことを念頭に、上述の附属文書9-Aや9.6条3項及び4項を設けたとされる。

しかし、附属文書9-Aは同語反復に過ぎず、基準として明確とはいえないため、濫用防止には役立たない。

また、9.6条3項は、〈TPP又は他の国際協定に対する違反があったとしても、公正衡平待遇義務違反があったことを証明するものではな

---

[32] 9.6条1項
[33] 附属文書9-A
[34] 小寺彰編著『国際投資協定　仲裁による法的保護』2010年、p.106参照
[35] Pope & Talbot Inc. v. The Government of Canada, UNCITRAL
[36] S. D. Myers, Inc. v. Government of Canada, UNCITRAL
[37] Notes of Interpretation of Certain Chapter 11 Provisions, July 31, 2001. <http://www.sice.oas.org/tpd/nafta/Commission/CH11understanding_e.asp>

い〉旨規定するが、多くの仲裁事例が「投資家の正当な期待」を保護しなかったことをもって公正衡平待遇義務違反を認めてきた現実を踏まえると、TPPの他の章の規定や他の国際協定への違反が「投資家の正当な期待」を媒介として安易に待遇義務違反として認定されてしまう危険に配慮した文言としなかった点に疑問が残る。

これに対し、第9.6条4項は、そのような安易な認定を防止するため、〈締約国が「投資家の期待」に反した事実は、それだけでは本条の義務違反を構成しない〉旨規定したとの説明も考えられる。

しかし、この規定はむしろ、締約国が「投資家の期待」に反したこと自体が公正衡平待遇義務違反の要素となることを前提としている一方、さらにどのような要件を投資家側に求めるのか明確にしておらず、恣意的な認定を防止する内容になっていない。

(ｳ) 収用及び補償
(a) 従前の投資協定での問題

締約国は、一定の要件を充たす場合を除き、他の締約国からの投資家の投資財産について、直接的に、又は収用若しくは国有化と同等の措置を通じて間接的に、収用又は国有化を行ってはならないとされている[39]。

ここで、直接的な収用とは、投資家の資産を公有化することであり、間接的な収用（間接収用）とは、規制の新設、強化等により、投資家から見て事業資産を没収されたのと同じ効果を生じさせることである。

収用に関しても、公正衡平待遇義務と同様、収用（特に間接収用）概念の明確性に問題がある[40]。このため、投資協定の締約国は、あらゆ

---

[38] ここで一定の要件とは、(a)公共の目的のためのものであること、(b)差別的なものでないこと、(c)迅速、適当かつ実効的な補償を伴うものであること、及び(d)正当な手続に従って行われるものであること、である。

[39] 9.8条1項

[40] NAFTAの下での仲裁判断においては、「収用」とは合理的に期待される財産の経済的利益の使用を奪う効果を持つ干渉を含むとされた事例（Metalclad Corporation v. The United Mexican States, ICSID Case No.ARB(AF)/97/1 (Metalclad 対メキシコ政府事件)）や、所有者

る措置を講じる際に、投資協定違反に配慮せねばならず、結果的に民主的決定に裏付けられた正当な規制措置が妨げられる恐れがある[41]。

(b) TPP での対応とその評価

TPP 協定では、間接収用の概念の範囲[42]を明確にする目的で、〈公衆衛生、安全及び環境などの正当な公共の福祉を保護する目的で設けられ、適用される非裁量的な規制措置は、まれな状況下を除き、間接収用に該当しない〉とする[43]。

しかし、間接収用に該当する「まれな状況下」の範囲が不明であり、十分な明確化とはいいがたい。特に、米韓 FTA において、「まれな状況」について「その目的や効果に照らして極端に厳しいか不適切である場合等[44]」としていることと比較すれば、TPP 協定は、明確化の点ではむしろ後退したといわざるを得ない。

ウ 投資受入国の権限を確保するための留保・適用例外

(ア) 留保・適用例外に関する条項

投資の章で規定された投資受入国の義務に関しては、以下に紹介する「適合しない措置」[45]及び「投資及び環境、健康その他の規制上の目的」[46]

が財産権を実質的に剥奪されたといいうる程度に制限的な規制は「収用」に該当するとされた事例（Pope & Talbot Inc. v. The Government of Canada, UNCITRAL）が存在する。

41 最近では、カナダ政府が米国の製薬会社に対してその医薬品の臨床実験数が不十分であるとして特許不承認としたことに対し、製薬会社側が NAFTA に規定された「収用の禁止」及び「公正衡平待遇義務」違反を理由に ISDS 条項に基づく 1 億ドルの損害賠償を求める仲裁申立を行ったケースがある（Eli Lilly and Company v. The Government of Canada, UNCITRAL, ICSID Case No.UNCT/14/2）。

42 附属文書 9-B 3 項(a)によれば、間接収用に該当するか否かは、ケースバイケースの事実に基づく判断により決定されるが、とりわけ以下の事情が考慮される。(i)当該措置の経済的影響（投資の経済的価値に不利益な影響があったとしても、それだけでは間接収用があったとは立証されない。)、(ii)当該措置が投資に裏付けられた明確で合理的な期待を妨害する程度、及び(iii)当該措置の性質。しかし、これらにより間接収用の限界が明確化されるとは思われない。

43 附属文書 9-B 3 項(b)

44 米韓 FTA 附属文書 11-F

45 9.12 条

46 9.16 条

の二種類の留保・例外が存在する。

「適合しない措置」では、まず、〈内国民待遇、最恵国待遇、特定措置の履行要求等の義務は、①中央政府又は地域政府により維持され、附属文書Ⅰに記載される措置、及び地方政府により維持される措置[47]、並びに、②附属文書Ⅱに記載する分野等に関して採用し又は維持する措置については適用しない〉とされる[48]。

また、「投資及び環境、健康その他の規制上の目的」では、〈本章のいかなる規定も、締約国が自国内の投資活動が環境、健康その他の規制上の目的に配慮した方法で行われることを確保するために適当と認める措置（本章の規定に適合するものに限る。）を採用し、維持し又は強制することを妨げるものを解釈してはならない〉とされる[49]。

(イ) 留保・適用例外は十分ではない
(a) 「適合しない措置」について

しかし、ISDS 条項に基づく仲裁申立てに対し、被申立人である締約国が附属文書Ⅰ又は附属文書Ⅱに定められた措置又は分野であるとの反論を行った場合、仲裁廷は、被申立人の要請に基づき、当該問題に関し、TPP 委員会に解釈を要請しなければならない[50]。TPP 委員会の解釈次第では、附属文書Ⅰ又は附属文書Ⅱによって投資章の義務の例外になるとの締約国の期待が裏切られることもある。

さらに、TPP 委員会は、要請から 90 日以内に解釈に関する決定を文書で仲裁廷に提出しなければならないが[51]、TPP 委員会の決定は全会一致が原則であるため[52]、仮に仲裁申立てを行った投資家の本国が解釈に関する決定に反対し続ければ決定を行うことができない。

そして、TPP 委員会が 90 日以内に決定しない場合、仲裁廷が解釈

---

[47] 9.12条1項
[48] 9.12条2項
[49] 9.16条
[50] 9.26条1項
[51] 9.26条1項
[52] 27.3条1項

について決定することになるため、附属文書Ⅰ及び附属文書Ⅱの解釈は最終的に仲裁廷に委ねられることになる[53]。この場合、後述する仲裁廷の独立性、公平性の問題や構造上の問題が顕在化し、被申立人にとって不利な解釈がなされる可能性がある。

(b) 「環境、健康その他の規制上の目的」について

次に、9.16条の例外規定については、「自国内の投資活動が環境、健康その他の規制上の目的に配慮した方法で行われることを確保するために適当」な措置であっても、当該措置が、投資章の全ての規定（「内国民待遇」、「最恵国待遇」、「公正衡平待遇義務」及び「収用及び補償」等の全ての義務）に適合している（「本章の規定に適合する」）場合にしか、例外として取り扱われない。

これは、論理的には、〈投資章の規定に違反しない措置は、投資章違反とは判断されない〉という至極当然のこと（同語反復に近い内容）を規定したに過ぎない。

従って、9.16条の例外規定は、実質的に無意味な条項であり、例外として機能しないといわざるを得ない。

エ　まとめ

上述したアないしウから、ISDS条項に基づく紛争解決手続が発動した場合の判断基準となるべき規定（実体規定）には、以下の問題があることが分かる。

① 「投資財産」の概念が広範であり、ISDSに基づく仲裁申立を行うことができる「投資家」の範囲が非常に広いこと
② 投資受入国が投資家との関係で遵守すべき義務も広範であり、かつ必ずしも基準として明確ではないため、義務違反の認定が恣意的になされる余地があり、結果として民主的決定に裏付けられた正当な規制措置が妨げられる恐れがあること

---

[53] 9.26条2項

③ 投資受入国の権限を確保するための留保や適用例外規定が適切に機能せず、正当な規制権限が否定される可能性があること

(3) B節（手続規定）の問題点
ア 従前の投資協定での問題
　ISDS条項に基づく紛争解決手続については、根本的な問題として、投資受入国にとっては「国内」の法律上の争訟が自国の裁判所でなく、その国とは全く無関係な仲裁廷により判断される点で、司法権の侵害であるとの指摘がある[54]。

　そして、仲裁人には、国際的な投資案件や仲裁を専門とする弁護士や有識者が選任されることが多い。このうち弁護士については、投資仲裁の当事者となるような多国籍企業を依頼人としている場合もある。このような仲裁人によりなされた仲裁判断については、多国籍企業に有利（投資受入国に不利）な判断がなされる危険があると指摘されてきた（独立性、公平性の問題）[55]。

　また、特に有力とされる15人の仲裁人は、公開された投資仲裁の約55％に仲裁人として関与し、係争額40億ドル以上の案件の約75％に関与してきたことが判明している[56]。このような少人数のグループが、投資家対国家の紛争の過半（特に重要な案件のほとんど）を解決してきたこと自体、ISDSに基づく紛争解決手続を不透明なものにしている（仲裁廷の構造上の問題）。

　さらに、投資仲裁には、一般の裁判手続きと異なり、公開原則が存

---

54 Elizabeth Warren, 'The Trans-Pacific Partnership clause everyone should oppose', The Washington Post (February 25, 2015) <https://www.washingtonpost.com/opinions/kill-the-dispute-settlement-language-in-the-trans-pacific-partnership/2015/02/25/ec7705a2-bd1e-11e4-b274-e5209a3bc9a9_story.html>. 日本語訳は、http://tpphantai.com/info/（2015年4月16日記事）参照。
55 Corporate Europe Observatory and the Transnational Institute, 'Profiting from injustice' (2012), Chapter 3 and 4. <http://corporateeurope.org/international-trade/2012/11/profiting-injustice>
56 同上。これまでの投資仲裁案件のほとんどが2000年以降に申し立てられたものであることが、このような寡占化を可能にしたといえる。

在せず、上訴手続も保障されていないため、手続過程を監視することができず、また一旦不当な判断が下されると、これを争うことが困難である（透明性の問題）。

イ　TPPでの対応とその評価
(a)　仲裁人の独立性、公平性
　仲裁人の独立性、公平性の問題を回避するために、TPP協定では仲裁人が従うべき行動規範を作成することを規定している[57]。
　しかし、実際の行動規範は未だ作成されていないため、これが独立性、公平性に対する疑問を払拭する内容になるかは不明である。さらに、締約国による行動規範作成過程がTPP協定と同様に秘密交渉であれば、実効性のある行動規範にはならないことも予想される。

(b)　透明性
　仲裁手続きの透明性確保のため、①申立通知書、②仲裁通知書、③当事者が仲裁廷に提出する主張書面等、④仲裁廷における審問記録、⑤仲裁廷の命令、仲裁判断及び決定は原則として公開される[58]。
　しかし、紛争当事者の申し出により、仲裁廷は、全く開示又は公開しないか、保護すべき情報を除去した編集された文書のみを開示することも可能である[59]。
　このため、文書の公開原則が十分に透明性確保の機能を果たすか疑問が残る。

(4)　小括
　以上のように、ISDSには、実体規定及び手続規定の両面において、上述した著名な仲裁事例に見られた問題を惹起する要素があり、TPP

---

[57]　9.22条6項
[58]　9.24条1項
[59]　9.24条4項

協定においても、それまでの投資協定に関して指摘されてきた問題を払拭するには至らなかった。

特に、実体規定に関しては、投資受入国の正当な目的での規制権限をより明確に認めるべきであった。また手続規定に関しては、仲裁人の独立性や公平性の問題は、仲裁廷の構造上の問題も相俟って、ISDSという枠組みの中で十分に対応することが可能であるかすら疑わしい。

このため、TPPではISDSに対する懸念が払拭されたとの政府の説明とは裏腹に、国や自治体の規制措置等の目的が環境保全（例えば、「北海道遺伝子組換え作物の栽培等による交雑等の防止に関する条例」）や健康被害の防止（例えば、BSE発生国からの牛肉輸入制限や成長ホルモン剤の投与を受けた牛肉の輸入規制）等であっても、投資受入国の義務違反が認められる可能性が残っている。また、中小企業振興基本条例、地域経済振興基本条例や公契約条例を通じて地域に進出する外国資本の企業と地元中小企業との取引を促進し、あるいは外国企業よりも地域に貢献する地元企業を調達において優遇した場合も、義務違反が認められる可能性がある。

その結果、規制措置や地域経済振興策を講じようとする国や自治体は、投資協定違反の可能性を常に検討しなければならず、特に外国投資家から指摘を受けた場合には、規制措置や地域経済振興策を断念しなければならない可能性も出てくる。ISDSの萎縮効果は、TPPにおいても払拭されてはいない。

さらに、Chevron対エクアドル政府事件のように、裁判所による人権救済を否定し、国家主権侵害に該当するような仲裁判断がなされる可能性について、TPP協定では対応していないように思われる。

このようなTPP協定でのISDSに対しては、国会での承認案審議においても根強い懸念が示された。[60] オーストラリアとニュージーランドは、互いにISDSに基づく紛争解決手続を利用しないことを約束する

---

60 「論戦は平行線…経済活性化へ課題残す」『毎日新聞』2016年11月2日 <http://mainichi.jp/articles/20161102/k00/00m/020/132000c>

第4章　国民・住民主権を侵害するISDS条項

覚書を締結している[61]。

4　おわりに―ISDSからICSへ（EUの試み）―

(1)　EUにおけるISDSに対する批判

EUと米国は、2013年7月、TTIP（環太平洋貿易パートナーシップ協定）の交渉を開始したが、当初から、TTIPは大企業の利益偏重であり、特にISDSを通じてEU独自の環境や安全・衛生分野での基準が攻撃されるとの懸念がEUの市民社会から表明された[62]。

そこでEU当局（European Commission）は2014年3月から7月まで公開の意見募集を行い、約15万件の回答を得たところ、その大部分が民主主義や公共政策への悪影響や萎縮効果等、ISDSへの懸念を示すものであったため、ISDSに代わる制度の検討を開始した[63]。そして2015年9月には、新たな投資紛争解決手続として、投資裁判所制度（Investment Court System：ICS）を発表した[64]。

EUは、ICSを米国TTIP、ベトナムとの自由貿易協定（EVFTA）及びカナダとの貿易協定（CETA）のそれぞれの二国間交渉で、協定に盛り込むことを提案した。このうちTTIPは未だ交渉中であるが、EVFTA（2015年12月最終合意）[65]及びCETA（2016年10月30日調

61　"Australia—New Zealand: Investor State Dispute Settlement, Trade Remedies and Transport Services" <http://dfat.gov.au/trade/agreements/tpp/official-documents/Documents/australia-new-zealand-investor-state-dispute-settlement-trade-remedies-and-transport-services.PDF>

62　例として、Stop TTIP European initiaive against TTIP and CETA, "European Citizens' Initiative demands: Stop negotiations for TTIP and CETA" (Press release, 15 July 2014) <https://stop-ttip.org/european-citizens-initiative-demands-stop-negotiations-for-ttip-and-ceta/>

63　European Commission, "Report Online public consultation on investment protection and investor-to-state dispute settlement (ISDS) in the Transatlantic Trade and Investment Partnership Agreement (TTIP)" (13 January 2015) <http://trade.ec.europa.eu/doclib/docs/2015/january/tradoc_153044.pdf>

64　European Commission, "Commission proposes new Investment Court System for TTIP and other EU trade and investment negotiations" (16 September 2015) <http://trade.ec.europa.eu/doclib/press/index.cfm?id=1364>

65　<http://trade.ec.europa.eu/doclib/press/index.cfm?id=1437>

印[66]）では、投資家と国家（投資受入国）の間の紛争は、ISDS ではなく ICS で解決することとされた。

(2) ICS の概要（CETA 及び EVIFTA における ICS）

EVFTA や CETA での合意内容によれば、ICS には次のような特徴がある[67]。

① 仲裁申立の都度構成される仲裁廷ではなく、常設の投資裁判所（Investment Tribunal）が設置されること
② 投資裁判所の判断が不服である場合、常設の控訴裁判所（Appeal Tribunal）に控訴可能であること
③ 投資裁判所及び控訴裁判所のメンバーは、3 の倍数の人数（EVFTA では投資裁判所 9 名、控訴裁判所 6 名。CETA では投資裁判所 15 名、控訴裁判所は発効後決定）指名され、3 分の 1 は EU 加盟国から、3 分の 1 は相手国（ベトナムやカナダ）から、残りの 3 分の 1 は第三国から指名されること
④ 上記のメンバーは、出身国において法曹資格を有する者又は法学者であり、国際法の専門知識がある（さらに、国際投資法、国際貿易法及び国際投資または貿易に起因する紛争解決の専門知識があることが望ましい）こと
⑤ 上記のメンバーは、(i)独立性・公平性が求められ、(ii)いかなる政府とも関係があってはならず、(iii)指名された時点で投資紛争における代理人や当事者のための専門家又は証人を辞任しなければならず、(iv)協定の附属書に規定された「行動規範」に従わなければならないこと
⑥ 投資裁判所及び控訴裁判所は、事件のたびに裁判所のメンバーから選ばれる 3 名（EU 加盟国、相手国及び第三国出身者各 1 名）のグループで審理される（当事者がそのメンバーを選ぶことがで

---

66 <http://ec.europa.eu/trade/policy/in-focus/ceta/ceta-chapter-by-chapter/>
67 EVFTA 第 13 章（Dispute Settlement）及び CETA 第 8 章（Investment）参照

きない）こと
⑦　関係当事国の公共の利益についての権利に配慮しつつ、透明性を確保し、差別を排除する形で紛争解決を図ること

(3)　今後のICSの拡大可能性（多国間投資裁判所構想）について

　EUは、ICSにおいて、投資裁判所が質の高い裁判官により構成され、手続の透明性や紛争解決ルールの明確性が確保されていること、さらに、投資裁判所の決定は控訴裁判所の審査を受けることを強調し、これにより、投資紛争の解決手続が「新天地に至った」としている。[68]

　しかし、現時点（2017年6月時点）においてはEVFTA及びCETAのいずれも発効しておらず、ICSによる紛争解決事例は存在しない。また、ICSによってもISDSの問題点は解消されておらず、ICSはいわば「偽装されたISDS」であるとの批判もある。[69][70]

　しかし、注目すべき点は、EUが二国間協定でのICSの設置で満足していないことであると思われる。EVFTA及びCETAには、今後さらにICSに代わる制度として、多国間投資裁判所（及びその控訴裁判所）（Multilateral Investment Court）を設立することを目指す旨が明記されている。[71]

　既にEUとカナダは、多国間投資裁判所構想について、数次にわたり、その適用範囲、機能及び組織、裁判官の資格・任命方法、判決の執行制度及び運営費用の負担方法等について議論を交わしている。[72]

68　前掲注（64）
69　Cecilia Olivet, Natacha Cingotti, Pia Eberhardt, Nelly Grotefendt and Scott Sinclair, 'Investment Court System put to the test New EU proposal will perpetuate investors' attacks on health and environment' (19 April 2016) <https://www.tni.org/files/publication-downloads/investment_court_system_put_to_the_test.pdf>
70　Friends of the Earth Europe, 'Investment court system, ISDS in disguise: 10 reasons why the EU's proposal doesn't fix a flawed system' (17 February 2016) <http://www.foeeurope.org/sites/default/files/eu-us_trade_deal/2016/investment_court_system_isds_in_disguise_10_reasons_why_the_eus_proposal_doesnt_fixed_a_flawed_system_english_version_0.pdf>
71　European Commission, 'The Multilateral Investment Court project' (21 December 2016) <http://trade.ec.europa.eu/doclib/press/index.cfm?id=1608>
72　European Commission and Government of Canada, 'Discussion paper—Establishment of a

現時点においては、多くの国内及び国際裁判所と同様に、常設の複数審制の裁判所であること以外、多国間投資裁判所の姿は明らかになっていない。しかし、今後EUから影響評価報告が出され、この構想の姿がある程度明確になることが予想される[73]。

EUは、日本と交渉中の日欧EPAにおいても、ISDSに代わりICSを設置することを提案しているが、日本側が既存のISDSにこだわっているとの報道もある[74]。EUの取り組みは、これまで見てきたISDSの問題点を踏まえ、投資家の保護及びそれによる国際投資の促進と、環境や健康等の公共の福祉、民主主義や国家主権といった諸価値との間のより良いバランスを探ろうとする重要な試みである。日欧EPAの是非についてはさまざまな議論があるが、日本政府が日欧EPA協議において建設的な姿勢を見せ、さらに市民社会から納得の得られる紛争解決手続を構築するために指導力を発揮することを期待したい。

---

multilateral investment dispute settlement system' (13, 14 December 2016) <http://trade.ec.europa.eu/doclib/docs/2017/january/tradoc_155267.12.12%20With%20date_%20Discussion%20paper_Establishment%20of%20a%20multilateral%20investment%20Geneva.pdf>

[73] 前掲注（71）

[74] 『読売新聞』「日欧EPA交渉大詰め　年内『政治決着』目指す」2016年12月13日朝刊

第5章
インフラ・国有企業の解体とビジネス化
―TPP国有企業章についてあらためて考える―

近藤康男

はじめに

TPPのゾンビ化への警戒：米国も依然TPP参加国である

2017年1月30日米国の新政権が、「TPPからの離脱と16年2月4日の合意署名に起因する法的義務放棄」を通告したことにより、TPPの発効は絶望的となっている。しかし、同協定の発効・離脱を規定する30章には、"署名〜発効までの期間"における離脱については何の規定もないため、米国は依然「原署名国」であり、残る11ヵ国では現在の協定を修正することさえできない一方、米国は復帰の権利を有するという奇妙な状態が続くことになる。

当面多くのメガFTAは漂流しているようだが、TPP参加の主要国は、今後のメガ経済連携においては、TPPを規範とする立場を崩していない。"Corporate Globalization"（企業中心のグローバル化）が力を持っている限り、第2、第3のTPPに対する戦いを止めるわけにはいかない。

TPP、とりわけ国有企業章は暮らしと地域・地域主権を制約する

TPPを貫く原理は、「グローバル企業の政策決定過程への関与拡大」（透明性）、「"先進国"の規制基準への平準化によるグローバル企業のための事業環境整備」（規制の整合性）、そして最後の砦としての「特権的な投資家保護」（ISDS投資家対国家間紛争処理）である。TPPはこのようにして、"先進国"が過去において採ってきた産業政策を"途上国"には封印させ、グローバル企業のために開かれた自由な事業空間を用意し、競争条件を整え、利益の極大化を可能にさせる。

TPPという"自由貿易"は覇権主義であり、一方"保護貿易"なる言葉は排外主義に行きかねない。私たちがTPP反対を主張する時の立場は、自由貿易とも保護貿易とも違う、地域間・各国間の"共生"であり、市民・地域からの視点とそれに基づくものとしての、グローバル企業や覇権主義的介入を規制する主権の尊重であり、特に国民経済・産業を育成しつつある"途上国"の主権の尊重である。私たちは自由貿易か保護貿易か、規制か規制緩和かという選択肢から自由になるべきであろう。

 国有企業や規制の整合性の章がTPPで初めて章として取り上げられたのも、このように考えるとある意味で象徴的である。そしてTPPは何よりも人々の暮らし・地域、地域主権を破壊する"Corporate Globalization"である。鉄道・病院・郵便など、国有（公有）企業の多くは、地域における基礎的な社会インフラとしての役割を持ってい

図表5-1　TPP第17章・国有企業章の内容

1条・定義、2条・適用範囲、3条・委任された権限
4条・無差別待遇及び商業的考慮、5条・裁判所及び行政機関
6条・非商業的な援助、7条・悪影響、8条・損害
9条・締約国別の附属書（附属書Ⅳの国別表及び地方政府に関わる無差別待遇・商業的考慮・非商業的援助・透明性などについての留保）
10条・透明性、11条・技術協力
12条・国有企業及び指定独占企業に関する小委員会
13条・例外（無差別待遇・商業的考慮の適用の例外対象）
14条・追加的交渉、15条・情報を収集するための過程

（附属書）

附属書17-A：例外対象となる収益金額の計算方式
附属書17-B：国有企業及び指定独占企業に関する情報収集の過程
附属書17-C：追加的な交渉
附属書17-D：地方の国有企業及び指定独占企業についての適用（国別）
附属書17-E：シンガポールの留保など
附属書17-F：マレーシアの留保など
附属書Ⅳ：9条に基づく非適合措置についての注釈、国別表作成について

（出所：http://www.cas.go.jp/jp/tpp/naiyou/pdf/text_yakubun/160308_yakubun_17.pdf）

る。国有企業章の規律はこれらのインフラの持つ役割を危うくさせる内容に満ちている。

1　TPP国有企業章の特徴と狙い

(1) 国有企業章の特徴

①決めてはならないことを決めている

　国有企業章についてまず言えるのは、国家の体制・社会の仕組みにまで踏み込んでいるということである。その意味で、"決めてはいけないことを決めている"とも言えよう。ベトナムは、市場の開放・資本規制の緩和を進めているが、国有企業を中心とする社会主義経済を国の体制として選択している。またマレーシアは、国内の民族構成と民族間の経済格差などによりブミプトラ政策（先住民を優遇する経済政策）を続けている。国内でも批判が無いわけではないが、社会の実態や成熟度などの固有性・歴史を踏まえて、国として選択してきた基本政策である。しかし、例外措置や猶予期間を設けながらも、TPP国有企業章の規定は、国の基本的社会政策・体制選択にまで介入あるいはそれを否定するものとなっている。

②国有企業を制約する基本的な条項

　国有企業章は参加国の多様性を反映して、妥協や不揃いな内容が多いのも事実である。しかし、暮らしに欠かせない基礎的な社会インフラ・社会の仕組みを制約する基本的な枠組みを設け、民間企業に準じた競争条件を求め、「無差別待遇と商業的考慮」による経営を確保し（17章4条）、「非商業的な援助」（17章6条）によって他のTPP参加国の利益に「悪影響」を及ぼしたり（17章6条・1項・2項）、その国に投資をしている自国の国有企業に「非商業的援助」を与えて、そのTPP参加国の国内産業に損害を与えてはならない（17章6条・3項）と規定している。そして、17章7条で「悪影響」を規定している。

③目立つ金融分野への例外適用

　しかし一方で、金融と投資に偏重する"Corporate Globalization"故

か、金融分野の国有企業については例外的措置がかなり認められている（2条・適用範囲、13条・例外2項・3項）。さらに、協定条文とは別に、「附属書17－D国別留保措置」においても各国は金融分野の多くを「非商業的な援助」を含め例外対象としている。

シンガポールは、17章・2条適用範囲においてSWF・国営投資ファンドを相当程度例外対象とすることで実質を確保している。

日本だけが例外対象ゼロなのである。

(2) 国有企業章の狙い
①地政学的な狙い

民主党政権時代の2011年11月、ハワイでAPEC首脳会合、並行会合としてのTPP首脳会合、さらには前後してアジアでは東アジアサミット、ASEAN首脳会議などが開催された。そして、野田首相はハワイでTPP参加に向けた検討を表明した。会議の全てに日・米・中の各国が参加しており、オバマ大統領が"アジアへのリバランス：アジア回帰"と豪州ダーウィンへの海兵隊駐留も発表した。一方では、ASEANと中国との綱引きの結果、ASEAN＋6ヵ国のRCEP（東アジア地域包括的経済連携）の枠組みもここで固まった。当時新聞紙上では、成長のアジアにおける地政学的思惑とせめぎ合いの様子が踊っていた。

その後、地政学的論議は下火となったが、米国での議会承認が微妙になるにつれ、日米の首脳から、中国を意識しての東アジアへの米国の関与、21世紀の経済連携の主導権としてのTPPが、再度喧伝されるようになった。それは、今も変わらない。

TPPの国有企業章は、特にベトナムを試金石とし、将来的な経済連携における中国の参加を睨んでの牽制として意識されているのである。

②民営化への流れを促進するTPP

TPP協定の条文のどこにも、民営化という言葉は書かれていない。しかし、JR（旅客鉄道株式会社、以下JRとする）の辿った歩みを振

り返ると、民営化が隠れていることがよく分かる。

　16年3月29日、政府は民進党・緒方衆議院議員の質問主意書に答えて、既に上場されている本州のJR各社を除く、JR北海道、JR四国、JR九州（後に東証上場）、JR貨物をTPPの規制対象となる国有企業として挙げた。他に国有企業として、7社の株式会社（日本郵便・かんぽ生命・ゆうちょ銀行・政策投資銀行・東京地下鉄・成田国際空港・新関西国際空港）が挙げられている。

　JR九州は、豪華寝台列車「七つ星in九州」で有名だが、不動産・小売など非鉄道事業が売上の過半を占めるという点でも異色である。JR九州は04年に黒字転換し、16年4月1日施行のJR会社法の改正により法令上は民間会社となり、16年10月25日東証上場を果たして総株式を一括売却、晴れて？株式公開企業となった。

　しかし、残る3つのJRは、過疎地を走る赤字路線を抱えている。そのことは、地域住民の足として基礎的な社会インフラたる機能を果たしているのだが、民営化を目指す立場からは、経営の多角化の一方赤字路線の廃止や駅の無人化など合理化を迫られる存在となっている。経営は民営化以降も、政府が100%の株式を所有する（独法）鉄道建設・運輸施設整備支援機構により株式の100%を支配され、その機構から特別勘定を通じて経営支援を受けている。

　鉄道各社はもちろん「商業的考慮」（17章4条）により経営されており、赤字補てんは「非商業的支援」に当たることは明白である。そのことだけではTPPの規律違反にならないが、仮に近隣にTPP参加国の投資による鉄道会社が運行されていて「非商業的支援」により競争条件が歪められているとされれば、経営支援はTPPの規律違反とされる可能性が高いだろう。経営支援を続ければ、ISDS投資家対国家間紛争の提訴もあり得るだろう。

　今一番厳しい状況にあるのは、「50%の路線は単独では維持不可能」と悲鳴を挙げたJR北海道だろう。迫られるのは経営合理化、赤字路線廃止、事業の多角化、そこに働く人へのしわ寄せ、地域へのサービ

スの低下、その結果地域経済の疲弊の進行である。その出口戦略とされるのが民営化である。公共とは、暮らしと地域を支えるためには経営の論理を超えて持続させることである。

　TPPは以上の枠組みと狙いを通じて、"Global Corporation"のために"Corporate Globalization"を進めるのである。

2　TPPの国有（公有）企業とは何か、どんなものがあるのか

(1)　TPPにおける国有企業の定義（17章・1条）

○国有企業の定義：
　主として商業活動に従事する企業で次のいずれかに該当
　・政府が50％超の株式を直接所有
　・政府が持ち分（ownership interest）を通じて50％超の議決権を支配
　・政府が取締役会などの経営体構成員の過半数の任命権を持つ

「商業活動」：
　営利（非営利原則、又は費用回収の原則で行う活動でない）を目指して行う活動で、物品の生産またはサービスの提供を行い、その量・価格を当該企業が決定し、市場において消費者に販売する活動

「商業的考慮」：
　民間企業が経営に際して通常考慮する様々な要素についての考慮

「非商業的な援助」：
　贈与、債務免除、商業ベースより有利な貸付・債務保証・物品やサービスなどの優遇措置の提供など

　但し、以下のように、17章・2条適用範囲、13条例外において適用が除外される条件が規定されている（直接的関連が推測されるもののみ下記に述べる）。2条には17章全体の適用対象外について、13条は「無差別待遇」、「商業的考慮」、「非商業的な援助」などの適用除外について規定している。

・適用は、締約国間の貿易又は投資に影響を及ぼすものに限定（2条・1項）
・政府調達には適用されない（2条・7項）
・国有企業章の規定は、政府の機能遂行のために提供される国内向けの物品・サービスの提供を妨げるものではない（2条・8項）
・政府の権限の行使として提供されるサービスには、17章4条無差別待遇・商業的考慮、17章6条非商業的な援助、及び17章10条透明性は適用されない（2条・10項）。
・経済上の緊急事態に一時的に対応するための措置を国が採用する場合（13条・1項）
・一定の条件が該当する場合の国有企業による金融サービス（13条・2項・3項）
・年間収益（≒売上高）が一定額以下の国有企業には適用されない（13条・5項）。
　※15年6月4日時点で2億SDR（≒350億円）
・また附属書17-Cの追加的交渉が行われるまで（5年以内）は、地方政府の傘下の公有事業には各国別に適用除外項目が規定されている（附属書17-D）。日本は「無差別待遇」、「商業的考慮」、生産・販売事業における「非商業的な援助」を適用除外。

(2) 日本の国有（公有）企業にはどんなものがあるか

　国有・公有（県・市町村保有）の企業は多様な分野にまたがり、相当な数になると思われる。全てを網羅できないものの、例えば「17年1月会計検査院：国が資本金の2分の1以上を出資している法人」から国レベルの210法人（JICA有償資金協力部門をカウント）を見ることができる。[1]
　ウィキペディアの"国有企業"でも各国・日本のリストを検索できる。[2]

1　http://www.jbaudit.go.jp/jbaudit/target/02.html
2　https://ja.wikipedia.org/wiki/%E5%9B%BD%E6%9C%89%E4%BC%81%E6%A5%AD#.E6.

図表5-2　会計検査院の国有企業の分類

政府関係機関	その他	独立行政法人	国立大学法人	大学共同利用機関法人
4	33	83	86	4

(出所：会計検査院資料から作成)

図表5-3　国有企業の分野別分類

分　野	法人の数	備　考
金融分野	25	海外投融資銀行、投資ファンド、貿易保険、年金・共済など
教育・研究	128	国立大86含む、教育・研究機関
輸送・輸送インフラ	11	空港、高速道路、鉄道建設・運輸施設整備支援機構（JR北海道・四国・貨物の株主）など
医療分野	10	国立病院機構、医療研究機関など
国際協力・開発	5	JICA、JETRO、JOGMECなど
福　祉	3	
その他	27	清算中の7社含む。中間貯蔵・環境安全事業㈱、原子力損害賠償・廃炉等支援機構（東電の過半数株主）、農畜産業振興機構などが含まれる
日本郵政㈱	1	かんぽ生命、ゆうちょ銀行、日本郵便
合　計	210	

注：分野別は筆者の分類によるもの　　　　　　　(出所：会計検査院資料から作成)

　会計検査院の資料で概観してみると、大学を含むため数が多くなる教育・研究分野を別にすれば、金融分野、輸送分野、医療分野の数が多いことが読み取れる。そして教育・研究分野とその他の一部を除けば、大半が実質的には商業活動に従事する利益志向の国有企業である。また、農業分野において重要な農畜産業振興機構、日本郵政傘下の郵便・かんぽ生命保険・ゆうちょ銀行も、鉄道や病院と共に重要な国有企業である。

(3)　政府答弁書で挙げた国有企業以外にも、TPP規律の対象企業はないのか

2016年8月19日のTPP政府対策本部との面談で、国有企業につい

第 5 章　インフラ・国有企業の解体とビジネス化

て問いただす機会があり、「協定発効後 6 ヵ月以内に国有企業の一覧を他の締約国に提供、又は、ウェッブサイトに公表する（17 章 10 条 1 項）とあるが、守秘義務とは思えないので速やかに対象の国有企業を明らかにすべきだ」「対象が分からないまま、署名をしたり、国会で協定の影響を審議するのはおかしい」と質問したが、回答は、「3 月 29 日付けで質問主意書に対して 11 社の国有企業を明らかにしている」とのことであった（本章 1 (2) ② 参照）。

そして、この 11 社は「各国との合意ではなく、日本政府の通報によるもので、他の事業体の実態が変化し、協定の定義に当てはまるようにならない限り、これで全てだ」とのことであった。

しかし、国有企業章での定義に合致する実態を持つ事業体は相当数あるはずであり、「情報提供を求められ、あるいは小委員会での協議・見直しの中で、他の締約国から異議が申し立てられる可能性はないのか？」と質問したところ、「28 章の国家間紛争処理などもあり、可能性は否定できない」との趣旨の回答であった。

規制対象となる国有企業の数が少ないことはある意味で悪いことではないものの、大いに疑問が残る点である。17 章 1 条定義において、要件の一つとしての「商業活動に従事する」について、「商業活動とは営利を指向する」ことと説明されている。しかし、国有企業は、建前としては営利を指向するものとはされていないものの、建前とは別に、実体的には自らの経営努力で利益確保を行い、経営体としての持続性を追求しているはずである。このことは、"商業活動に従事" と見なされても仕方ないことと思われる。

また 17 章 2 条適用範囲の 1 項で、「この章の規定は、…（中略）…締約国間の貿易又は投資に影響を及ぼすものについて適用する」とある。金融・鉄道の一部や国家貿易を除き、海外貿易・投資を行っている国有企業はまだ少ない。しかし、国内事業でも、他国に対して "影響を及ぼす" 事業はあり、協定の規制対象となり得ると考えるべきである。

(4) いくつかの事業体（国有企業）の分析

主に、"主として商業的活動に携わる"という規定との関連から、いくつかの国有企業を検証する。

①農畜産業振興機構

農畜産業振興機構の事業は、畜産物、野菜、砂糖原料作物に関する補助金の支出、交付金の支出、需給調整、国家貿易など政府の政策を執行することである。この限りでは、国有企業章2条・8項において一定の例外的条項が適用される（この章のいかなる規定も…政府の機能を遂行するために、専ら締約国に対して物品またはサービスを提供することを妨げるものではない）。農畜産業振興機構は、"妨げるものではない"という表現で"適用されない"とは区別されているが、仮に国家貿易がTPP参加国企業による輸出入との競争条件を歪めることがあれば、論理的にはISDS提訴の可能性もあり得るのではないだろうか。

また、買い入れによる需給調整、輸入・売り戻しによる国家貿易に係る分野は、実際には、市場から市場価格で購入（あるいは輸入）し、入札などで民間に売り渡す方法が取られており、かつその分野（勘定）の事業利益（上記の分野が大半）は、14年度で全体の当期総利益の90％以上、15年度でも40％以上を占めている（肉用子牛勘定で補助金返還受入れが例外的に多額となった）。また、内部留保として利益剰余金（15年度末270億6400万円）も計上されている。

農畜産業振興機構は一定の交付金を政府から受けているものの、大半は商行為によるものであり、国家貿易についてもその"対象数量・時期"は農水省の指示によるなどの制約はあるものの、"価格"は自己決定であり、"主として商業活動を行って"いるものと見るのが自然ではないだろうか。

また、国内の多くの畜産流通センターなどへの出資、財務指標の主要な数値からは、一見"総合食品商社"とも言えるような実態が見えてくる。

図表5-4　農畜産業振興機構の財務状況（15年度）

資本金（政府100％）	305億8700万円（純資産計：576億5500万円）
当期総利益／総資産	183億6900万円／3783億5600万円＝4.85％
当期総利益／自己資本	183億6900万円／305億8700万円＝60.0％
当期総利益／経常収益	183億6900万円／1973億9500万円＝9.3％
保有する関係会社株式	76億4000万円（但し20％超の出資比率のみ）食肉処理などの関係会社18社。他に公益法人6団体に出資

注：事業収入：輸入乳製品売渡収入、糖価調整事業収入、澱粉価格調整事業収入

経常収益	1973億9500万円（補助金1012億2200万円、運営費交付金16億3100万円、事業収入930億8100万円、財務・雑損益14億6000万円）
経常費用	2062億4100万円（補助金＋交付金＝1873億6700万円）
経常損益	△88億4600万円
臨時損益	267億2100万円
繰越積立金取り崩し	4億9500万円
当期総利益	183億7000万円（△88億4600万円＋267億2100万円＋4億9500万円）

注：15年度肉用子牛勘定は前年度補助金の返還による臨時利益で経常損失を穴埋め

	15年度		14年度	
畜産勘定総利益	0円	0％	0円	0％
野菜勘定総利益	4億2800万円	2.3％	2億2600万円	1.5％
砂糖勘定総利益	17億1500万円	9.3％	31億3400万円	20.5％
澱粉勘定総利益	0万	0％	0円	0％
補給金等勘定総利益	57億6100万円	31.4％	119億500万円	77.9％
肉用仔牛勘定総利益	104億6500万円	57.0％	0円	0％
債務保証勘定総利益	0万	0％	2300万円	0.2％
合計	183億6900万円	100％	152億8800万円	100％

（出所：農畜産業振興機構 http://www.maff.go.jp/j/kanbo/hyoka/dokuho/alic/attach/pdf/02-6.pdf より作成）

②国立病院機構

　国立病院機構は、本部及び地域グループ5ヵ所に病院143、職員数約6万人（医師6000人、看護師3万9000人、その他1万5000人）を抱える独立行政法人である。その事業は診療業務、教育研修業務、臨

図表5-5　国立病院機構の財務状況（15年度）

資　本　金（政府100％）	2064億3700万円	臨　時　損　益	5億4500万円
資本剰余金・利益剰余金	2364億5900万円	当　期　純　利　益	12億9600万円
純　資　産	4428億9700万円	純利益／経常収益	0.14％
総　資　産	1兆3116億3300万円	経常利益／経常収益	0.08％
経　常　収　益	9564億400万円	当期純利益／総資産	0.10％
経　常　費　用	9556億5300万円	当期純利益／純資産	0.29％
経　常　利　益	7億5100万円		

注：15年度の経常利益は例外的な低水準
（出所：15年度財務諸表 https://www.hosp.go.jp/files/000044552.pdf　15年度事業報告書 https://www.hosp.go.jp/files/000044746.pdf より作成）

床研究業務からなり、日本の中核的医療機関である。

　医療事業は"利益指向"を目的とされてはいない。しかし、高額医療機器や施設への投資のためには、自律的な経営、持続的な経営をすることが求められている。

　また、混合診療はともかくも、保険医療では診療報酬や薬価は制度の下にあるが、"売上げ"を構成する"数量"にあたる患者数などは病院独自の商業的な経営努力によるはずである。

　自主財源による経営（15年度実績：運営交付金35億4800万円と補助金56億900万円の合計は91億5700万円で経常収益9564億400万円の0.96％に過ぎない）、医療業務の割合の大きさ（診療業務9156億5400万円だけで経常収益の95.7％を占める）、内部留保の大きさからも（資本金2064億3700万円を超える2364億5900万円）、実体として"主として商業活動に従事"する国有企業と見なされるものと考える。

　③公益財団法人東京都保健医療公社

　地方自治体の病院がTPPの規制対象となり得るかいくつか調べて見た。さすがに東京都の公社については、「非商業的支援」の規律が適用対象となる事業規模である（13条5項）。

　ただ地方政府傘下の公有企業については、5年以内とされる追加交渉で適用の是非が決まるまでは、「無差別待遇」、「商業的考慮」の規律

第5章　インフラ・国有企業の解体とビジネス化

図表 5-6　東京都保健医療公社の財務状況（15 年度）

基本財産	5 億 1300 万円：東京都 2 億円、㈳東京都医師会 1000 万円、㈶東京都健康推進財団・寄付金 3 億円、㈳東京都歯科医師会 300 万円
経常収益計	537 億 6400 万円うち医業収入 414 億 8700 万円

(出所：15 年度財務諸表 http://www.tokyo-hmt.jp/activity/management-info/h27/upload/20160805-141556-5768.pdf　公社の概要 http://www.tokyo-hmt.jp/about/outline/index.html より作成)

は適用されない（附属書 17 - C、17 - D）。また、その段階で適用が決まった場合も、基準となる年間売上高が東京都の公社を除く地方政府の公有病院については概ね下回るため、「非商業的支援」（の規律）は適用されない。

但し、全国各地の国立病院機構傘下の病院は中央政府に属している。

3　国有企業章についての政府の説明で充分なのか

先に、政府の答弁書にある 11 社だけで規制対象の国有企業は全てだろうか、という点について、TPP 政府対策本部とのやり取りを通じて疑問を呈した。ここでは、政府 Q&A と附属書Ⅳの国別留保措置（例外リスト）について検証することとする。

(1)　政府 Q&A の検証

直近で国有企業について触れているのは 16 年 11 月の「TPP に関する Q&A：全体版」[3]である。

Q27 で、「国有企業への規律により独立行政法人による公共事業に制約が生まれるのではないか？」という意味不明の設問を設定し、「規律の対象は"主として商業活動"を行っている企業に限定」「公共的見地から事業を行っており、商業活動を主としてはいない日本の独立行政法人は対象ではない」「国内で提供するサービスは国有企業への優遇措置の規律等の対象ではない」としている。"公共事業に制約"の意味することは、"公共サービス"と理解すべきだろう。

3　http://www.cas.go.jp/jp/tpp/qanda/pdf/161102_tpp_qanda_zentai.pdf

"商業活動"かどうか、という点については、「2(4)」で触れたように、企業的な視点で見てみると実態は"商業活動"と言わざるを得ないとした。さらに、金融分野についてはまさに民間の投資ファンドや融資と同じものが多数あり、限りなく民間の業域を侵している。

もう一点は、「非商業的援助」の規制は国内向けサービスには適用されないとする説明だ。現時点でTPP参加国に悪影響を与えるような事例があるかどうかは不明だが、国有企業であっても投資を含め海外との接点は拡大しており、「非商業的援助」の規律が適用される可能性は否定できない。

国有企業に対する経済的観点に基づく厳しい規律は、郵便、鉄道、病院など地域における基礎的な社会インフラが果たす公共サービスへの制約に繋がりかねないし、そのことは疲弊の進む地方では深刻な問題である。農業分野においては、政策遂行の一翼を担う農畜産業振興機構なども国内外からの厳しい視線に晒されることになると思われる。

政府説明の言う、国有企業が"国内で提供するサービス"という点に関連する条項は、第2条適用範囲でいくつか挙げられる。

・第2条・1項「この章の規定は、…(中略)…締約国間の貿易又は投資に影響を及ぼすものについて適用」
直接貿易・投資を行っていなくとも"影響を及ぼす"限りにおいて、国内事業にも適用される、と考えるべきである。

・第2条・5項「この章の規定は、締約国のSWFについては適用しない。但しSWFを通じて行われる非商業的援助(6条の1項・3項あるいは2項)による他の締約国の利益への"悪影響"は適用対象となる」
「㈱産業革新機構」などSWFに相当する国有企業が将来同様のことを行う可能性はあり得るし、(独法)JICAでさえその方向に進んでいる。

・第2条・8項「この章の如何なる規定も、<u>政府の機能を遂行する</u>ために、専ら締約国に対して物品・サービスを提供することを<u>妨げる</u>

第5章　インフラ・国有企業の解体とビジネス化

ものではない」

この点は「2⑷①」農畜産業振興機構のところで、"ISDS提訴の論理的可能性は否定できない"とした。

・第2条・10項無差別的待遇及び商業的考慮、非商業的援助及び透明性の規定は政府の権限の行使として提供されるサービスについては適用しない」

政府の言う"優遇措置"は、"非商業的援助"を指すと思われるが、非商業的援助に関する規定は、17章・第6条非商業的援助において、又"非商業的援助の影響"については17章・7条悪影響、17章・8条損害において規定されている。

・第6条・1項で、国有企業による"物品の生産・販売"、"他の締約国へのサービスの提供"、"他の締約国内への投資を通じた当該国内でのサービスの提供"に対して"非商業的援助"を提供して他の締約国の利益に悪影響を及ぼしてはならないとしている。

・第6条2項で、上記と同様のことを国有企業から他の国有企業に対して"非商業的援助"を提供する場合について同様に禁止している。そして第3項では、国有企業による締約国内への投資の場合に、"非商業的援助"により相手先締約国の"国内産業に損害を与えてはならない"と規定している。

JR規模の鉄道・国立病院など、そして当然金融分野の国有企業などは、既に、あるいは将来海外へのノウハウ提供、更には投融資を進める動きが出ている。当然"非商業的援助による悪影響"を及ぼす可能性はあり得よう。

つまり、国内⇔国外という事業区分はますます希薄になっていくと理解すべきなのだ。次の(2)に関連するが、政府は、国内向けのサービスだから大丈夫と済ますのではなく、"現在留保"はもちろん、"将来留保"の措置を取っておくべきだったと考える。

(2) 他のTPP参加国の留保措置（例外措置）

　例外措置を確保していないたった2ヵ国の一つが日本である（＋シンガポール）。しかし、各国のリストで留保されている企業と同種の企業は日本にもあり、特に郵便事業、鉄道、病院など地域の基礎的な社会インフラについては、当然、現在、将来とも"非商業的援助を留保"すべきである。まさに日本政府の判断が疑われるところである。シンガポールについては、「1(1)③」で触れたとおり様々な留保（適用除外）を確保している。

　10ヵ国の留保措置は全部で73ページに渡っており[4]、米国でさえ将来の設立・再編・同種の企業にまで拡大し、住宅・インフラ金融の「非商業的援助」まで留保している。そして全体的には資源・エネルギー・安全保障・先住民族保護・社会インフラ・そして金融などの分野で、多くの国は2桁の例外企業を挙げて"現在留保・将来留保"を、そして「非商業的援助」にまで留保を確保している。カナダは酪農コミッションや輸出入支援企業まで含めている。

　日本政府の判断を問いたいところである。

4　その他の条項について

　国有企業章の中心的な条項である、第1条定義、第2条適用範囲、第13条例外、第4条無差別待遇及び商業的考慮、第6条非商業的援助（悪影響への言及も含まれる）、第9条締約国別附属書・附属書17-Dでの地方政府傘下の公有企業、第10条透明性、第14条追加的交渉、さらに附属書Ⅳの国別非適合措置など、これまで走りながらほぼ全て触れてきた。

　追加するとすれば、12条小委員会である。小委員会と第14条追加的交渉は他の多くの章にもあるが、TPPを"生きた協定"として、権限と責任も明記しないまま、扉の奥に隠れたままで官僚の手で協定を

---

[4] 各国の留保措置一覧（他の章の附属書も含む。国有企業章の附属書Ⅳは一番下段に各国別に）http://www.cas.go.jp/jp/tpp/naiyou/tpp_text_en.html#annex4

変質させ、更に TPP での合意を他の地域機関・多国間機関や協定にまで広げようとするものであることが書かれている。TPP の基本的問題の一つである。

5　日欧 EPA を公共調達・公有企業から考える

(1)　今後の協定の規範とされる TPP と譲歩の連鎖

この小論の冒頭で、"TPP 参加の主要国は、今後のメガ経済連携においては、TPP を規範とする立場を崩していない。"Corporate Globalization" が力を持っている限り、第2、第3の TPP に対する戦いを止めるわけにはいかない" と記した。現在、欧米を中心に市民社会のレベルでは行き過ぎた "Corporate Globalization" や排外主義的な潮流に対して揺り戻しが見られ始めている。反省が無いのは政府レベルでは特に日本、企業レベルではグローバルな巨大企業である。

この小論を書いている段階で日本政府が早期合意を目指しているのは、TPP-11（米国抜き TPP）、日欧 EPA、RCEP、日米経済対話、いずれも TPP を規範あるいは物差しとした交渉が続くメガ EPA である。"あるいは物差しとした" というのは、RCEP では TPP を規範としない大国も多い中で、日・豪・NZ などが TPP 基準を押し付けようとする立場にあることを意識してのことである。

日本政府は日豪 EPA 以上の譲歩は受け入れられないとしつつ TPP で更に譲歩をし、TPP 以上の譲歩は避けたいとしつつも、報道からみる限り、日欧 EPA では更に譲歩しているようだ。交渉は勢いのついた流れに沿って進むのが宿命だ。特に日本の姿勢は、常に合意を所与の条件として捉え、それ故に、合意するためには譲歩する、という譲歩の連鎖の途を辿っている。加えて同じ水準の協定でも対象国が増えるだけで、その影響は拡大することも見なければならない。

(2)　TPP での公共調達の対象

公共調達は、政府機関や公有企業のサービス・物品の調達に係るもの

であり、地域の経済との関連も強い。TPP で入札参加を開放したのは、中央政府の機関（官庁など：15 章の附属書 A 節）、地方自治体（県と政令指定都市：15 章の附属書 B 節）、その他の機関（15 章の C 節の A 群と B 群）による一定金額以上の調達である。「その他の機関」には、政府が公表した TPP での国有企業、実質的に国有企業の定義に合致し得る政府出資の株式会社・独立行政法人が含まれる。JR、郵政グループ、国立病院機構、国立大学法人なども含まれている。

(3) TPP 以上に市場を開放し、公有企業の事業を制約する日欧 EPA の公共調達

この小論を執筆している 2017 年 6 月の段階では日欧 EPA は決着しておらず、交渉内容も明らかではない。公共調達については大詰めの段階でも争点が残っているようだ。しかし報道から見えるのは、TPP 以上の対象機関の拡大である。

例えば 2016 年 12 月 14 日付の日本経済新聞では「地方大学、公立病院の入札への参加がし易くなるようだ」と報道されている。また、それより以前の同年 7 月 16 日の日本経済新聞では大きな争点として、「（公共調達の EU 提案は）政府機関だけでなく独法・中核都市・10 万人以上の市町村・JR 各社の開放や、調達における透明性向上を要求。日本は鉄道の"安全管理条項"による規制の大幅緩和で歩み寄った模様」とされている。

筆者は公共調達における透明性不要の論にも外国資本悪玉論にも組みしないが、基礎的な社会インフラとして地域の暮らしと経済を支える公有企業は、経済合理性とは別に、地元企業を支え、地域に対する社会的責任を考える立場にあるべきと考えるものである。しかし、この報道の通りであれば、TPP では除外されていた公立病院、公立大学、市町村などに対しても市場開放が求められ、鉄道も TPP 以上の譲歩を認める方向にあるとみられる。そしてその結果、日欧 EPA では、TPP 以上に、公契約条例などの地域政策が制約を受け、地元企業が排

除されやすくなることが懸念される。更に"入札という透明性"を通じ、TPP以上に多くの公有企業・機関が、公共調達において商業ベースでの事業を強制されることが避けられないと思われる。

6　最後に―あらためて国有企業という事業形態を考える―

　政府や官僚に対する不信感、批判が一般的に強い中で、「民営化」ということが表に出ると一様に「民営化反対」という声が高まることも一般的な現象である。国有企業（公有企業）が善で民間企業は悪、という擦り込みがあるかのようである。しかし、報道される不祥事は官庁や官僚のほうが民間企業に比べて多いのではないだろうか。

　これは個人の問題ではなく、組織の問題、特に組織の統治に起因する問題である。公営事業・公有企業・政府・官僚の不祥事の際の国会における隠蔽的な答弁、責任を明らかにしない対応は、民間企業に比べてマシだとは言えないと思う。そしてほとんど全ての公有企業は天下りの巣である。天下りとその下に甘んじている集団に厳正な統治や責任を求めるのは無理である。

　また、特にリスク管理への厳しい忠実さが求められる金融は、最も公有企業に馴染まず、国民の財産を毀損しがちな分野である。かんぽの宿の赤字垂れ流し、年金流用問題・グリーンピアなどは社会現象と言えるほどのものだった。また、ゆうちょ銀行の大量の預金と国債依存は安全性担保としては非難すべきではないものの、金融機関としては未熟のそしりを免れないし、金融の流れを歪めるものでもある。議員が弄ぶかのようにゆうちょ銀行の貯金限度額の拡大を議論するのも政治への従属・自らの統治の不在である。それにもかかわらず、近年官民投資ファンドは特に増え続け10数余を数えている。そして、同一分野への重複出資、"官の関与"の必要性への疑問、過剰な政治介入、情報秘匿、低効率・低収益、更には破綻などの問題を専門家から指摘されている。[5]

5　『日本経済新聞』2016年7月14日、経済教室小論での田中秀明明大教授の指摘、16年6

さらには JICA、国際協力銀行、JETRO などまでが、"援助から投資へ"、とばかりに海外投融資事業に乗り出している。

公有企業はある意味で民と公のマイナス要素を兼ね備えがちである。公営事業で見られる非効率性・無駄と自立意識・責任意識の欠如、民間企業で見られる、収益に拘りすぎた場合に顕著な、社会的責任・透明性の欠如である。

このことを考えると、公営・公有事業は本当に必要な事業に限定すべきである。地域を支え、人々の暮らしに欠かせない、ユニバーサル・サービスを提供する郵便、過疎地路線を抱える鉄道・バスなどの輸送機関、病院、ライフライン、教育・研究機関などの基礎的な社会インフラこそが本来の公有企業、本当は公営直轄事業であるべきである。多少の非効率性や無駄があっても、また必要な場合に税金を投じても持続させるべき公共的社会インフラである。

月「官民ファンドの運営に係るガイドラインによる検証報告」参照 http://www.cas.go.jp/jp/seisaku/fund_kkk/dai6/siryou1.pdf

第6章
経済連携協定で狙われる年金・共済・生命保険

鳥畑与一

はじめに

　TPPのほか、TiSA（新サービス貿易協定）、TAFTA（環大西洋自由貿易協定）など金融サービス貿易の自由化推進を柱としたグローバル企業主導の貿易協定の秘密交渉が目白押しである。例えばTheCityUKは、世界のGDPの75％を占めるに至った経済のサービス化の下で金融サービス貿易の自由化促進が重要としてTTIP（環大西洋投資パートナーシップ協定）推進を強調している。[1]

　これらに共通するのは、2008年国際金融危機をもたらした金融自由化を推進してきたWTO（世界貿易機構）のGATS（サービスの貿易に関する一般協定、1994年）を一層強化することで、国際金融危機再発防止を目指したグローバル金融活動に対する規制強化を否定し、各国政府・中央銀行・金融監督当局の金融政策並びに監督規制の主権・権限を奪い、自国における金融活動の健全性と国民金融資産の安全性を大きな危険にさらす内容となっている。[2]

　とりわけ重要視されているのは、GATSで対象となっていたサービス貿易の4類型の中の「国境を越えたサービスの提供」（消費国での子会社・支店等の営業拠点の設置を伴わない）である。振り返ってみれば「日米円ドル委員会報告書」（1984年）から「日本版金融ビッグバン」（1996年）を経た日本の金融自由化の対象は、外国金融機関への

---

[1] TheCityUK, "The Economics of Trade in Services" March 2015
[2] WTO設立の「マラケッシュ協定」の附属書1bで6部28条の本文と8付属書と約束表から構成される。サービス貿易に関する初めての国際貿易協定とされる。

日本市場の開放であった。金利自由化や様々な金融サービスの自由化などが進められてきたが、あくまで国内における子会社・支店等を通じた外国金融機関の金融活動の自由化であった。この金融自由化推進の論理が、米国在日商工会議所が「郵政改革に対する共同宣言」(2010年) や「共済等と金融庁監督下の保険会社の間に平等な競争環境の確立を」(2016年) などで掲げたように、市場アクセスの保障と非関税障壁による不平等な競争条件の除去などGATSが掲げる諸原則であった。

このような金融自由化の論理を踏まえた時、TPPなど近年の広域経済連携協定の特徴は何であろうか。TPPは単なる関税撤廃の貿易協定ではなく、2008年3月の米国参加に伴い「投資や金融サービス」も組み込まれた。このTPPへの金融サービスの組み込みは、従来のGATSを越えた、どのような新しい課題を日本に突きつけるのであろうか。本章では、こうした点を検討する。

1　GATSと金融サービス貿易の自由化

モノの貿易に関する関税を中心とした貿易自由化ルールを主眼としたGATTに対して、WTO・GATSは「国家の政策目的に十分な配慮を払いつつ、漸進的かつ早期に一層高い水準のサービスの貿易の自由化を達成する」(前文) ことを掲げる。それは、経済活動におけるサービス部門の比重の高まりや、情報処理技術やインターネット技術の発展などによって国境を越えたサービス取引が拡大してきたからである。

GATSは、図表6-1に見るようにサービス貿易を、①第1モード：国境を越える取引、②第2モード：海外における消費、③第3モード：業務上の拠点を通じた消費、④第4モード：自然人の移動による消費の4類型に区分する。TheCityUKによれば、55～60%を占める第3モードに対して、第1モードは25～30%を占め、近年その比重を高めているとされる。そして、現地での子会社・支店などの営業拠点設置や人材確保、営業網の構築などの投資コストとサンクスコストなどの

第6章 経済連携協定で狙われる年金・共済・生命保険

図表6-1 GATSのサービス貿易の類型とTPP

GATS	態様	内容	TPP	規定
第1モード	国境を越える取引	いずれかの加盟国の領域から他の加盟国の領域へのサービスの提供	○	締結国の領域から他の締結国の領域へのサービスの提供
第2モード	海外における消費	加盟国の領域における他の加盟国の消費者に対するサービスの提供	○	締結国の領域における他の締結国の者に対するサービスの提供
第3モード	業務上の拠点を通じた消費	いずれかの加盟国のサービス提供者による他の加盟国内の拠点を通じたサービスの提供	×	締結国領域内の投資財産による締結国領域における金融サービス提供は含まない。
第4モード	自然人の移動による消費	いずれかの加盟国の提供者によるサービス提供で他の加盟国での自然人の存在を通じて提供	○	締結国の国民による他の締結国の領域におけるサービスの提供

注：TPPは、11章「金融サービス」の内容に基づく。
（出所：TPP政府対策本部「TPP協定」、外務省「サービスの貿易に関する一般協定の解説」）

　リスク負担が求められる第3モードに対して、より低い経済コストで金融サービス提供が可能になる第1モードの規制等の障壁除去が、大企業のみならず中小企業のサービス輸出を可能にすることで経済に対する貢献度が高いとする。また米国国際貿易委員会は、国境を越えたサービス貿易の規制撤廃によって、例えば米国の保険サービス輸出が48％増大するとの推計を示している[3]。

　GATSは上記4モードのサービス取引に対して、最恵国待遇、内国民待遇、市場アクセス、貿易の障害となる国内規制、商慣習・補助金の是正、資本取引規制の制限、透明性の確保などを締結国に求める[4]。例えば、6条（国内規制）において「サービス貿易に影響を及ぼすものが合理的、客観的かつ公平な態様で実施されることを確保する」とし、第16条（市場アクセス）で「サービス提供者の数の制限、サービ

---

[3] US International Trade Commission "Property and Casualty Insurance Services: Competitive Conditions in Foreign Markets" March 2009
[4] 但し、商業的な原則に基づかず、かつ複数のサービス提供者との競争を行わずに「政府の権限の行使として提供されるサービス」は対象外とされる（第1条3(C)）。

スの取引総額または取引資産の制限、サービスの総産出量の制限など市場アクセスを阻害する措置の禁止」を掲げている。

　広範なサービス貿易を対象とするGATSは、「金融サービスに関する附属書」、「日本国の特定の約束に係る表」、「金融サービスに係る約束に係る了解」で、金融サービス固有の取り決めを行っている。例えば、図表6-2に見るようにGATSは、①保険及び保険関連サービス、②銀行サービス、③その他の金融サービスなど「金融の性質を有する全てのサービスであって加盟国の金融サービス提供者が提供するもの」という定義を明示して、かつ「約束に係る表」に明示した金融サービスについてのGATSの原則の順守を求める。

　ところで、金融サービスを提供する金融機関や金融システムは一国の経済活動や国民生活において極めて重要な役割を果たしているがゆえに多くの規制監督下に置かれ、金融危機時においてはしばしば公的救済の対象となってきた。そのためGATSは「附属書」においても、①中央銀行等の金融政策・為替政策や「社会保障又は公的年金計画に係る」活動などは「政府の権限の行使として提供されるサービス」として適用外とすること、②「信用秩序の維持のための措置（投資者、預金者、保険契約者若しくは信託上の義務を金融サービス提供者が負うものを保護し又は金融体系の健全性及び安定性を確保するための措置を含む）を取ることは妨げられない」と定めている。そして「約束に係る表」では、「信用秩序の維持を理由として、業務上の拠点の法的な形態に対する差別的でない制限等の措置を取ることを妨げられない」、「新たな金融サービスの市場への進出に対する差別的でない制限を課することは妨げられない」としている。さらに「約束に係る了解」では、国境を越える取引が認められる金融サービスについて、①海上輸送、商業航空などに対する保険、②再保険や再々保険などの金融サービスという限定が行われている。

　GATSにおける金融サービス取引の原則は、GATS順守を約束した領域を明示したポジティブ・リスト方式の採用や、信用秩序維持を目

第6章　経済連携協定で狙われる年金・共済・生命保険

図表6-2　WTOの金融サービス分類とTPP

			GATS		TPP
サービスの定義			政府の権限の行使として提供されるサービス以外のすべての分野におけるすべてのサービス	○	金融の性質を有する全てのサービス
A．全ての保険及び保険関連サービス		a．	生命保険、傷害保険及び疾病保険サービス	○	生命保険
		b．	生命保険以外の保険サービス	○	生命保険以外の保険
		c．	再保険及び再々保険	○	再保険及び再々保険
		d．	保険の補助的サービス（保険仲介及び代理店サービス含む）	○	保険仲介業及び補助的サービス（相談、保険数理、危険評価、請求の処理等のサービス）
B．銀行及びその他金融サービス（保険除く）		a．	預金その他払い戻しを要する資金の受入れ	○	預金その他の払い戻しを要する資金の受入れ
		b．	全ての種類の貸付け（消費者信用、不動産担保貸付、債券買取、商業取引に係る融資を含む）	○	全ての種類の貸付け（消費者信用、不動産担保貸付、債券買取、商業取引に係る融資を含む）
		c．	ファイナンス・リース	○	ファイナンス・リース
		d．	全ての支払い及び送金のサービス	○	全ての支払い及び送金のサービス（クレジット、チャージ、デビッドの各種カード、小切手含む）
		e．	保証	○	保証
		f．	自ら又は顧客のために行う次の取引	○	自ら又は顧客のために行う次の取引
			①短期金融市場商品	○	短期金融市場商品
			②外国為替	○	外国為替
			③派生商品	○	派生商品
			④為替及び金利の商品	○	為替及び金利の商品
			⑤譲渡可能な有価証券、金融資産	○	譲渡可能な有価証券
		g．	全ての種類の有価証券発行への参加	○	全ての種類の有価証券発行への参加
		h．	資金媒介業	○	資金媒介業
		i．	資産運用（現金又はポートフォリオの運用、全ての形態の集合投資運用、年金基金運用、保管、預託及び信託のサービス）	○	資産運用（現金又はポートフォリオの運用、全ての形態の集合投資運用、年金基金運用、保管、預託及び信託のサービス）
		j．	金融資産の決済及び清算サービス	○	金融資産の決済及び清算サービス
		k．	上記全ての活動についての助言その他の補助的な金融サービス（信用照会及び分析、投資及びポートフォリオの調査、助言並びに企業の取得、再編及び戦略についての助言を含む）	○	上記全ての活動についての助言、仲介、その他の補助的金融サービス（信用照会及び分析、投資及びポートフォリオの調査、助言並びに企業の取得、再編及び戦略についての助言を含む）
		l．	他の金融サービス提供者への金融情報提供及び移転、金融データの処理及び関連ソフトウェアのサービス	○	他の金融サービス提供者による金融情報の提供及び移転、金融データの処理並びに関連ソフトウェアのサービス

（出所：外務省「WTO事務局のサービス分類の詳細」、TPP政府対策本部「TPP協定」）

的とした規制監督の権限保持、そして現地拠点を必要としない国境を越えた金融サービスに対する限定など、グローバル金融機関から見れば大きな制約を課したものとなっていたと言える。

2 TPPにおける金融サービス自由化の特徴

図表6-2に見るようにTPPの金融サービスの定義と範囲は、GATSを踏襲したものになっている。しかし、協定の内容を見ると、最恵国待遇、内国民待遇、市場アクセスなどの原則を継承しながら、**図表6-3**に見るように金融サービス自由化に対してより強力な原則を盛り込んでいる。[5]

金融サービスに関するTPPの特徴は、第1に投資による営業拠点設置を必要としない国境を越えた金融サービスの提供（第1モード）に焦点を当てていることである。図表6-1に見るように、第3モード「業務上の拠点を通じた金融サービスの提供」は「11章　金融サービス」では対象とされていない。そして「第6条　国境を越える貿易」で、各締結国は①「他の締結国のサービス提供者から、金融サービスを購入することを許可する」とともに、②「他の締結国のサービス提供者が当該締結国の領域において営業すること又は勧誘することを許可することを要求するものではない」と定めている。また管理機能を国外の本社や関連会社、第三者に委ねることの自由、顧客情報やその情報処理についても金融サービス消費地以外で行える（17条）など営業拠点設立を必要としない国境を越えた金融サービスの提供を支える内容となっているのである（図表6-4参照）。

第2に、GATSにはない多くの内容が追加され、金融サービス取引がより自由に行えるようになっている。例えば、国内金融機関に認めた新しい金融サービスの認可（7条）や、金融機関の個々の顧客の金融上の情報や勘定の情報や利害を害する秘密の開示を求めることがで

---

[5] TPPの金融サービス章の危険性については、Public Citizen "TPP Financial Stability Threats Unveiled" が詳しい。

第6章　経済連携協定で狙われる年金・共済・生命保険

図表6-3　WTO・GATSとTPPの比較

	GATS	TPP	
内国民待遇	○	○	対象詳細で地域政府明記。競争上の固有の不利益補償の排除の削除
最恵国待遇	○	○	投資家、金融機関、投資財産、国境を越えたサービスと具体的
数量・形態制限（市場アクセス）	○	○	外国資本の参加の制限が消滅
透明性	○	○	規制目的の事前公表、規制案への意見提出機会、書面での回答、金融サービス提供申請への120日以内の行政上の決定など詳細
現地拠点要求	×	○	営業拠点の開設は要求しない
ラチェット条項	×	○	自由化の程度を後退させない
専門家資格の承認	×	○	制限を課さない
義務の保留方式	アクティブ	ネガティブ	約束表に記載されていないサービスすべてに適用
国境を越えた金融サービスの購入	△	○	領域内における営業や勧誘は不必要。登録・認可の要求は可。
新たな金融サービス	×	○	他締結国許可の金融サービスの許可義務。許可取得要請可も合理的期間で結論。信用秩序維持の場合のみ拒否できる。
経営幹部・取締役会の構成	×	○	国籍、居住などの条件を課してはならない。
例外	○	○	信用秩序の維持、金融政策・為替政策の遂行は対象外。経常収支を理由とした例外規定は消滅
保険サービスの利用可能性	×	○	合理的期間内に不承認でない商品の導入承認、個人向け等以外の保険の承認又は許可を要求しないなど
管理部門の機能遂行	×	○	自国領域外での管理機能遂行の重要性と恣意的要件の回避
金融サービス小委員会	×	○	実施・改善についての監視や検討
紛争解決（投資紛争）	△	○	できるから適用する。金融サービスの専門知識等を有するパネラーの選出など詳細

（出所：それぞれの条文より作成）

第Ⅱ部 TPP・FTAと国民主権・公共サービス

図表6-4 TPP・金融サービス章（11章）の構成

章	題 目	内 容
11・1	定義	国境を越える金融サービス3類型と金融の性質を有する全てのサービスという定義
11・2	適用範囲	1．金融機関、投資財産、国境を越える金融サービスの貿易への適用
		2．9・6条　待遇に関する最低基準（公正かつ衡平な待遇の国際慣習法上の待遇の保障）
		9・7条　武力紛争又は内乱の際の待遇（投資財産が被った損失の差別的でない待遇）
		9・8条　収用及び補償（収用もしくは国有化と同等の措置を実施しない）
		9・9条　移転（自由にかつ遅滞なく行われることを認める）
		9・14条　特別な手続き及び情報の要求（措置の採用・維持を妨げない）
		9・15条　利益の否認（実質的事業活動を行っていない場合等は利益を否認することができる）
		9・16条　投資及び環境、健康その他の規制上の目的（当措置を採用、維持、強制することを妨げない）
		10・10条　利益の否認（同上）
		10・12条　支払い及び資金の移転の11章への組み込み
		3．9章「投資家と国との間の紛争解決」は、上記9・6条から9・16条対象に組込み
		4．公的年金計画又は社会保障にかかわる活動・サービスの適用除外など
11・3	内国民待遇	自国の投資家や金融機関等よりも不利でない待遇を与える
11・4	最恵国待遇	締結国・非締結国の投資家や金融機関よりも不利でない待遇を与える
11・5	市場アクセス	金融機関の数・形態、金融サービスの取引総額・資産総額・総産出量の制限を行わない
11・6	国境を越える貿易	国境を越えた金融サービスの提供・購入を認める。現地での営業・勧誘を求めない。登録と認可の要求は可
11・7	新たな金融サービス	自国金融機関に認めた新たな金融サービスを他の締結国金融機関にも認める。信用秩序維持の場合は認可拒否可
11・8	特定の情報の扱い	個々の顧客の金融上の事項、勘定の情報、開示が公共利益に反し、商業上の利益を害する秘密情報の保護
11・9	経営幹部及び取締役会	特定の国民の経営幹部への登用や取締役の半数以上を占めることは要求できない
11・10	適合しない措置	内国民待遇、最恵国待遇、市場アクセス、国境を越える貿易、経営幹部及び取締役会の規定除外

第 6 章　経済連携協定で狙われる年金・共済・生命保険

章	題　目	内　　容
		中央政府により維持され、附属書Ⅲの自国表A節記載措置
		地域政府により維持され、附属書Ⅲの自国表A節記載措置
		地方政府により維持される措置
		附属書Ⅲの自国表B節に記載する措置
11・11	例外	信用秩序の維持のための措置
		公的機関が金融政策、信用政策、為替政策を遂行するための措置
11・12	承認	信用秩序の維持のための措置を承認できる
11・13	透明性及び特定の措置の実地	金融サービスに対する規制の透明性を促進することを約束する
11・14	自主規制団体	自主規制団体の構成員になる場合の、内国民待遇と最恵国待遇の義務順守
11・15	支払い及び清算の制度	公的機関が運用する支払い・清算制度と公的な資金供与及びリファイナンスの制度の利用を認める
11・16	保険サービスの迅速な利用可能性	合理的期間内に不承認とされない保険サービスの導入の承認。個人向け保険等の承認・許可を要求しない
11・17	管理部門の機能の遂行	自国内金融機関の管理機能が、領域外の本社・関連会社等が遂行を認め、恣意的な要件を課すことを回避する
11・18	特定の約束	附属書11-Bで各締結国の特定の約束を定める
11・19	金融サービスに関する小委員会	規定の実施・改善について監視し、金融サービスの諸問題を検討する委員会を設置する
11・20	協議	金融サービスに影響を及ぼす問題について書面による協議を求めることができる
11・21	紛争解決	28章（紛争解決）の規定の修正（パネラーに金融専門家の登用など）の上での適用
11・22	金融サービスにおける投資紛争	金融サービスに関する専門知識・経験を考慮した仲裁人の採用など
附属書11・A	国境を越える貿易	
附属書11・B	特定の約束	A節　ポートフォリオの運用
		B節　情報の移転
		C節　郵便保険事業体による保険の提供
		D節　電子支払カードサービス
		E節　透明性の考慮
附属書11・C	適合しない措置の適合性の水準の低下を防止する制度	発効後3年間、ベトナムに適合しない条項の記載
附属書11・D	金融サービスに責任を負う当局	各国の金融当局の一覧
附属書11・E		チリ、メキシコ、ペルー等の不同意事項

図表6-5　金融サービスにおける包括的留保

分野	留保の種類	留保する措置	措置の概要	「次のサービス」の項目
保険及び保険関連のサービス	内国民待遇、国境を越える貿易	保険業法、施行令、施行規則	他の締結国において設立された当該締結国の国境を越える金融サービス提供者が提供する次のサービスを除き、第11・1条の定義(b)の措置を採用し、維持する権利を留保する	①海上輸送、商業航空並びに宇宙空港への打上げ及び運送貨物の危険に対する保険、②国際間の運送中の貨物の危険性に対する保険、③再保険、再々保険、第11・1条(b)の保険の補助的サービスの危険に対する保険

注：第11・1条の(b)「締結国の領域における他の締結国の者への金融サービスの提供」

きない（8条）、金融機関の経営幹部の国籍を問えない（9条）、公的な支払い・清算制度の利用許可（15条）、個人向け保険商品の承認・許可を必要としない（16条）など国境を越えた金融サービスの取引に対してほぼ無制限の自由を与える内容となっている。

　第3に拡大された自由な金融活動に対する規制・監督や金融政策の変更に対する制約が大きく強化されている。TPPでは、協定の義務が適用されない措置や分野の特定については「ネガティブ・リスト方式」（義務が適用されない措置や分野を附属書に列挙する方式。明示されていない措置等は後で追加できない）を採用すると同時に、協定発効後に「自由化の程度をより悪化させないことを約束するラチェット条項」が盛り込まれている。**図表6-5**に見るように、日本が包括的留保とした金融サービスは、海上輸送等に対する保険や再々保険等に関わるものだけであり、全ての金融サービスについては留保をつけずTPP順守の対象として受け入れている。それは**図表6-6**に見るGATSにおける限定的な金融サービスの領域指定と、営業上の拠点が必要であるとか、保険契約については国内において責任準備金・支払準備金を保有することなどの留保条件と比べた場合、大きな転換となっている。

　第4に、いわゆるISDS条項が金融サービスにおいても適用され、金融政策や監督規制等の変化による金融機関や投資家、投資財産に係る

第6章　経済連携協定で狙われる年金・共済・生命保険

図表6-6　GATSにおける日本の特定の約束表

	市場アクセス	内国民待遇
金融サービス	信用秩序の維持を理由として、業務上の拠点の法的な形態に対する差別的でない制限等の措置は妨げられない 新たな金融サービスの市場への進出に対する差別的でない制限を課することを妨げられない	
保険等	国内運送貨物の保険等は業務上の拠点が必要	保険契約の責任準備金・支払い準備金を国内で円で保有すること
銀行サービス	投資一任サービスでは業務上の拠点が必要 国外での預金や信託は許可が必要 国内の外国為替公認銀行を経ない外為取引等は許可が必要 投資信託の委託サービスは業務上の拠点が必要	預金保険制度は、外国銀行の預金を対象としない

(出所：GATS「日本国の特定の約束に係る表」)

期待された利益の損失に対する国家賠償を求める仕組みが導入されている。このことは、投資企業側からの政府規制の「透明性・法的安定性・予見可能性」を高めリスクを減少させるとされるが、それは同時に新たな金融問題の発生に対する政府の対応や規制の自由を大きく束縛するものである。確かに、「例外」（11条）等で信用秩序維持や健全性規制のための規制は可能とされているが、危険性のある金融サービスの提供等を初期の段階で信用秩序や健全性の脅威になると証明することは極めて困難である。例えば2008年金融危機を引き起こすことになった信用デリバティブ取引や金融証券化商品の販売などは当初は金融効率化の花形として礼賛されたのである。またこのような金融サービスの危険性が顕在化し始めた段階で規制監督の強化を行うことは、それに伴う投資家側の利益減少や損失発生などに対するISDS条項による訴訟リスクが発生するため、実質的にはできなくなる可能性が高い。さらには金融危機が発生した後の金融機関等の損害を、ISDS条項を通じて国家が賠償を求められる可能性もある。

第5に、金融サービスにおける消費者保護を大きく弱体化させる内

容となっている。他国で認められた新しい金融サービスの許可や国境を越えた保険サービスの提供の自由放任、そして顧客情報の海外移動と処理の自由化は、金融監督当局が金融サービスの安全性を検証することを不可能とし、個人情報の保護や被害の救済を極めて困難なものとする。例えば、米国で提供されている年利400％にもなるペイデイローンなどの高利消費者金融サービスの日本国内における提供を制限することができなくなり、顧客情報がペイデイローン業界で共有悪用されることを防止できなくなる。

この他にも、いわば2008年国際金融危機以前に金融サービス取引の自由化の時計を戻すTPP等の内容は、例えば市場アクセスの保証で金融機関の規模等について規制できなくなることで「大きすぎて潰せない銀行」（TBTF）に対する規制を形骸化させることや、国際的な資金移動・決済の制限禁止などで国際的な投機的資本取引規制の強化が妨げられることが懸念されている。

ところで、このような金融サービスに関するTPP協定は、二つの側面から見る必要がある。第1は、日本の金融機関の海外進出を支援する側面であり、第2は米欧の金融機関の対日進出を支える側面である。TPPは、日本の金融機関が競争力優位を持つ銀行サービスのアジア進出を支援する一方で、競争力上の優位を持たない保険や資産運用等の金融サービスについては欧米の金融機関の支配を許す性格を持っている。デフレ経済・少子化そして低金利の金融環境で国内における貸出業務で収益をあげることが困難になっている日本の金融機関にとってアジア各国進出にとっては有利であるが、日本の家計金融資産や保険資産を欧米金融機関の営利に委ね、国民を守る国家主権を放棄する内容となっている。

6　日本の高金利規制も後退する危険性が高い。例えば、在日米国商工会議所「貿易及び経済成長を通じた新規雇用拡大への日米協力に向けた提言」（2010年）では、「消費者主導の力強い内需は、活気あるマクロ経済を下支えする。これには健全かつ規制された消費者信用市場が必要である。…融資額制限や、人為的に抑えた上限金利設定など、市場原理に基づかない規制をかけるよりは望ましい」としている。

3 日本の金融消費者にとってのTPPの危険性

国境を越えた金融サービスの提供は、日本にとって具体的にどのような影響を与えるのであろうか。金融サービス（第11章）の11条2項は、①「公的年金計画又は社会保障に係る法律上の制度の一部を形成する活動・サービス（公的医療保険を含む）」、②締約国（公的機関を含む）の勘定のために、その保証の下に、又はその財源を利用して行う活動又はサービス」などは適用対象外としている。しかし、「公的機関又は金融機関との競争を行うことを認める場合を」除くという条件つきであり、市場での公的年金運用等の金融活動を行っているGPIFや政府系金融機関、郵貯等は適用対象外とならないと考えられる。日本の公的金融を含めたあらゆる金融サービスに対してTPPが例外なく適用されることになる。そして、外国金融機関による日本国内での国境を越えた金融サービスの提供が可能になることで、日本の金融監督規制に事実上服さない金融サービス取引が可能となる。[7]

米国の金融分野での対日要求（「TPP協定に関する米意見募集」2012.2）等を見ると、保険商品や資産運用商品などの金融商品の販売が焦点となっている。例えば、ポートフォリオの運用（附属書）においては、「締結国は、他の締結国の領域内で設立された金融機関が当該締結国の領域内に所在する集団投資スキームに対して投資助言及びポートフォリオの運用サービスを提供することを許可する」とあるように、営業拠点設置をすることなく投資運用サービスの国境を越えた提供の自由を求めている。

また米国通商代表部（USTR）「外国貿易障壁報告書」は、①日本郵政：民間の銀行、保険との対等な競争条件の確保、②保険：開放的で競争的な保険市場の促進、③かんぽ生命：規制や税制上の優遇を与

---

[7] 例えば「金融商品取引法」（2007年）では、金融サービスの提供においては第1種金融取引業、第2種金融取引業などの登録を行う必要があるが、登録に必要な事項に外国法人の場合は国内における営業所または事務所の所在地を届けることになっており、国内における営業拠点を通じた金融サービスの提供に対する規制監督の枠組みとなっている。

えたままの拡大に反対、④共済：民間と同じ規制・監督に服するべき、⑤銀行窓口販売の見直し、⑥オンライン金融サービス、確定拠出年金、信用調査機関、顧客情報の共有を含めた金融セクターの改革推進を要求している。TPP協定付属書においても「郵便保険事業体による保険の提供」について、「いずれの締結国も、郵便保険事業体の一般公衆への直接の保険サービスの引受け及び提供について、自国の市場において同種の保険サービスを提供する民間のサービス提供者と比較して郵便保険事業体が有利となるような競争上の条件をつくり出す措置を採用し、又は維持してはならないこと」として、かんぽ生命が金融庁の管轄の下、民間保険会社と同等の規制を受けることを定めている。TPPで具体的に標的となっているのが、保険商品の輸出であり、その障害としての共済制度の自由化なのである。

例えば、在日米国商工会議所「共済等と金融庁監督下の保険会社の間に平等な競争環境の確立を」では、制度共済と認可特定保険業者との間の競争条件の均等化として「日本政府は国際通商上の日本の責務に従い、共済等を外資系保険会社と同等の規制下に置くべきである。…（それまで）共済等による新商品の発売や既存商品の改定、准組合員や非構成員を含めた不特定多数への販売、その他一切の保険事業に関する業務拡大及び新市場への参入を禁止すべき」として、①IAIS（保険監督者国際機構）の「保険コアプリンシプル」の共済への適用、②責任準備金積立規制等の共済への適用、③セーフティネットへの共済の資金供出、④民間と同水準の税負担などを求めている。

共済制度は、本来は組合員間の相互扶助を目的とした保険であるが、在日米国商工会議所は、制度共済は商品を実質的に組合員以外の不特定多数に販売している一方で、所管する農林水産省等は金融サービスを監督・検査・モニタリングする専門家ではなく、「金融庁のそれに比較すると緩く、透明性が低く、運用においても厳格性に」劣り、「国際通商上の日本の義務に反するだけではなく、日本の消費者の保護を弱めることになる」とする。すなわちGATSは「共済等を例外とするこ

とを認めていないにもかかわらず、政府はGATS上の日本の義務に反し共済等に対して競争上の優遇措置を取り続け、金融庁監督下の外資系保険会社に不利な待遇を与える結果となっている」、「共済等は元来、相互扶助の目的を共有する個人が集まって形成される協同組合であった。しかしいまや共済等は数千万人もの顧客を抱え、最大手の制度共済にいたっては大量の共済保険を引き受け、より多額の資産を保有し、民間の金融サービス提供会社のネットワークをも活用して商品を販売しており、共済等が保険会社として他の保険会社と直接競合していることは明らかである」というのである。

このような要求の下、TPPの日米二ヵ国交渉の「保険等の非関税措置に関する日本国政府とアメリカ合衆国政府との間の書簡」(2016年2月) では、2013年4月にTPP交渉と並行して、保険等の分野における非関税措置に取り組むことを決定したとして、かんぽ生命保険の日本における保険販売については、「民間の保険サービス提供者に対し、透明性のあるかつ競争的な方法で日本郵政の販売網へのアクセスを与えることの重要性を確認する」、「日本国政府は、TPP協定第11章附属書11-B第C節2の規定に従い、同種の保険サービスを提供する民間のサービス提供者よりもかんぽ生命保険による保険サービスの提供について有利となるような競争条件を生じさせるいかなる措置も採用せず、又は維持しない」、「金融庁は、かんぽ生命保険が新規の保険商品のための申請を提出する場合には……他の保険サービス提供者との間に対等な競争条件を提供するため、他の保険サービス提供者に対して適用される基準と同一の基準を適用する」と合意されている。

8　USTRは日本の取組みに対して「保険一般について、TPPの下、日本及び全てのTPP参加国は保険商品を提供する郵便事業体が公平な競争の場で運営を行うことを合意するとともに、日本政府は米国政府に対し、米国保険会社による日本郵政の販売網へのアクセス及び日本郵政と競争上対等な条件の下での運営についてコミットした。かんぽ生命について、日本郵政グループ各社と他の民間会社との間の対等な競争条件を確立することが必要であり、日本政府に対して、①日本郵政金融二社と他の民間会社に対する監督上の取扱いの相違、②(取り扱う商品の選択のプロセスを含む) 他の民間会社による郵便局ネットワークへのアクセス、③日本郵政のビジネス及び関連事業体の間の内部相互補助を含む、対等な競争条件に関する一連の懸念に対処するための措置を講じることを引き続き求める」としている (2015年版)。これに対して

しかしJA共済、全労済、コープ共済、都道府県民共済などの制度共済は、経済的弱者が相互扶助の目的で少ない掛け金負担で大きな保障を行うために整備発展してきたものであり、保険のユニバーサルサービスとして大きな役割を果たしているものであり、それを「保険会社と同様の基準で運営されれば、利潤第1の経営が求められ、どこの地域でもカバーされるユニバーサルサービスや、非採算部門などは撤廃されることになり、加入者の立場に立った運営はできなくなる」という危険性が指摘されている。

外国金融機関などの保険・資産運用などの金融サービスの国境を越えた取引の自由化が実現した場合、日本の金融機関は競争上対抗できず、かつ公的年金資金が大きな危険にさらされることが予想される。デフレ継続下で企業収益が低迷し、マイナス金利政策で10年以下の金利のマイナス金利下も含めて金利低下が顕著な日本市場の資産運用で収益を確保するのは困難となっている。生命保険会社も掛け金の資産運用先の確保に困難を期待している状況であり、ハイリスク・ハイリターンでの運用を行い、グローバルな規模でのリスク分散を行う外国金融機関に日本の家計金融資産が国境を越えて吸収されていくことになる。米国金融界の狙いは「ゆうちょ銀行・かんぽ生命の資産の約270兆円や、JA共済の資産約50兆円などの共済資金にある。さらに日本企業の約300兆円の内部留保……年金積立金管理運用独立行政法人（GPIF）の年金マネー」の直接の獲得にあると指摘される通りといえる。深刻なのは、保険サービス提供の認可手続きの迅速化が定められ、金融商品の安全性の監督規制が大きく後退することで、日本の家計金融資産や消費者の安全性が大きく損なわれることである。日本の金融サービス被害に対して、日本の銀行監督当局は消費者保護等の措

「日本政府のコメント」（H28年8月）では「〈共済〉協同組合による共済は、一定の地域、職業又は職域でつながる者が構成した協同組合の内部において、組合員自らが出資し、その事業を利用し合うという制度であり、広汎な組合員間の相互扶助活動（共同事業、貸付事業、福利厚生等）の一環として行われるものである。このため、このような組織の特徴を踏まえた独自の規制が必要であり、…このような規制スキームが共済に競争優位をもたらしているとの指摘は当たらない」と反論を行っている。

置を新たに取れなくなる危険性が高い。新たな規制導入等による金融機関や投資家に不利益が生じた場合は、ISDS条項を通じて損害賠償を請求できる仕組みが金融サービス全体にも適用されるからである。

おわりに

　米国のTPP離脱で、ひとまずTPPによる国境を越えた金融サービスの自由化は中断となる。しかし従来のGATSなどの制約を超えた金融サービスの自由化追求は、二国間のFTA協定やTiSAなどの新たな広域の経済連携協定で追求されていくことになる。まだ内容については明らかになっていないが、2013年に51ヵ国が参加して交渉が始まったとされるTiSAではTPPと同様のGATSを越えた金融サービスの国境を越えた取引自由化が盛り込まれているとされる。[9] 米国等はこのような金融サービスの国境を越えた輸出による自国保険業界等の利益実現に邁進しているのである。

　図表6-7に見るように、先進国市場の成熟に対してアジアを中心と

図表6-7　損害・生命保険市場

国	保険料 (100万$)	1人当たり 保険料 ($)	保険料／ GDP (％)	外国企業 シェア (％)	保険 会社数	上位10社 集中度 (％)
オーストラリア	17890	863	2.4	26	102	67
カ　ナ　ダ	30431	1061	2.4	38	194	56
フ　ラ　ン　ス	53695	875	2.4	na	1053	69
ド　イ　ツ	61031	742	2.1	8	227	48
イ　タ　リ　ア	40024	685	2.2	26	126	59
日　　　　本	67962	532	1.6	6	42	97
韓　　　　国	29642	614	3.3	3	97	94
ス　ペ　イ　ン	30150	684	2.4	20	298	44
英　　　　国	69464	1148	2.9	45	788	69
米　　　　国	484742	1621	3.7	11	2343	45
中　　　　国	18941	14	0.7	na	39	90
イ　ン　ド	4494	4	0.5	na	12	95

（出所：US/ITC "Property and Casualty Insurance Service" March 2009）

9　Public Citizen "TISA Leak Reveals 10 Key Threats to Commonsense Financial Regulation" July 2, 2015。同報告では、①危険な金融商品の規制や禁止が訴訟のためできなくなる、②顧客金融情報のオフショア処理のため個人情報保護が困難になる、③ネガティブリスト方式のため

表6-8 保険の輸出

(単位：100万ドル)

国	輸出	総保険料	総支払	純保険料	輸出比率
オーストラリア	24	21,723	13,819	7,904	0.3%
ドイツ	307	184,678	96,763	87,915	0.3%
アイルランド	5,838	9,104	4,310	4,794	121.8%
イタリア	597	51,030	31,142	19,888	3.0%
韓国	164	35,349	13,418	21,931	0.7%
ルクセンブルク	364	1,272	705	567	64.2%
英国	378	127,676	43,958	83,718	0.5%
米国	3,046	469,035	261,055	207,980	1.5%

(出所：図表6-7に同じ)

表6-9 米国の保険サービスの輸出入

	2000	2007	変化
輸出計	3,631	10,286	283.3%
再保険	3,039	6,275	206.5%
保険	592	4,012	677.7%
輸入計	11,284	42,761	379.0%
再保険	9,599	36,883	384.2%
保険	1,685	5,878	348.8%
収支	-7,653	-32,475	424.3%
再保険	-6,560	-30,608	466.6%
保険	-1,093	-1,866	170.7%

(出所：図表6-7に同じ)

する新興市場国の保険市場が成長市場と見なされ、かつ先進国でも外国企業シェアが低い市場がターゲットされている。そして未開拓な保険市場に対する国境を越えた保険の輸出の促進が、米国保険業界の大きな要求となっているのである。図表6-8と図表6-9に見るように、米国は商業保険の再保険で優位に立つ英国に対しては劣位にあるが、個人保険（損害・生命保険）の輸出では大きな優位を確保し、近年大きく伸ばしているのである。

保険市場だけではなく、日本の家計金融資産や公的年金の運用も米国ファンドのターゲットとなっている。TPP等の金融サービスの推進によって、これまで以上に国際的な投機的金融活動の源泉として日本の家計金融資産が利用され、リスクが国民に転嫁されていくことになる。

新しい金融規制や金融危機対策の資本取引規制、消費者保護を理由にした規制もできなくなるなどが指摘されている。

第 7 章
消費者安全行政の危機

山浦康明

はじめに

　安倍首相は 2017 年 2 月 10 日の日米首脳会談でトランプ大統領への TPP 批准への翻意説得に失敗し、代わりに日米新経済対話を約束した。麻生太郎副総理とペンス米国副大統領との交渉は 4 月に開かれた。

　テーマは①財政政策や金融政策、②インフラ、エネルギー、サイバー、宇宙などの協力、そして③日米二国間の貿易に関する枠組み、である。

　米国の通商政策の窓口は、国家通商会議（NTC）、商務省、通商代表部（USTR）となる見通しだが、USTR は 2017 年 3 月 1 日、トランプ政権の通商政策を盛り込んだ年次報告書[1]を議会に提出した。この中で 2016 年度の年次報告書の項は米国の通商活動を振り返り、WTO（世界貿易機関）の意義などにも触れている。しかし、トランプ政権の通商政策の項では、優先事項として、通商政策で米国の国家主権を守ること、米国通商法 Trade Laws を厳密に執行すること、他国の市場開放に向けあらゆる手段を用いること、主要国とは新たな貿易協定に乗り出すことを挙げている。米国の国境関税措置などが貿易紛争の対象になった際にも WTO の裁定よりも米国国内法の通商法 301 条を使うことになるなど、WTO を軽視する。また TPP 離脱後の貿易協定は二国間協議に移行する、と強調している。

　今後の日米交渉は TPP での合意事項を基礎に、さらに米国に有利に

---

[1] https://ustr.gov/about-us/policy-offices/press-office/reports-and-publications/2017/2017-trade-policy-agenda-and-2016

なるよう、バイアメリカンに沿った要求などが日本に対して突きつけられることになろう。

またTPPの閣僚会合が3月15日からチリで開かれ、米国を除くTPP協定など新たな自由貿易協定の可能性を探る。ここでも日本のTPPにおける譲歩内容が既定事実となろう。

1 日米二国間協議と食品安全行政の規制緩和

(1) これまでの日米二国間協議

二国間協議には水平型交易と覇権を内容とする垂直型交易があり、日米協議は後者の象徴であった。

- 1984年：日米円ドル委員会が設置されると、金融の国際化・自由化などで日本が閉鎖的な市場であることが批判され市場開放が要求された。
- 1985年：G5諸国によるプラザ合意ではドル安・円高が誘導された。
- 1988年～1999年：米国の赤字の原因が日本の黒字にあるとして、米国は通商法のスーパー301条を使って日本の非関税障壁を攻撃し、報復関税をかけた。
- 1989年～1992年：日米構造協議が開かれ、大店法改正、公共投資増額で内需拡大しアメリカの参入で貿易赤字を解消すること、日本の商慣習の改革などが求められた。
- 1993年～2004年：日米包括経済協議が開かれ、日米構造協議が続いた。
- 1994年～2009年：毎年、米国から年次改革要望書が日本につきつけられ、日本の規制緩和政策が続けられた。
- 2010年以降：日本のTPP参加協議の中で米国から聖域なき完全自由化の要求が出され、TPP協議に参加すると日本は大幅な自由化を認めた。

これら一連の日米協議とともに、日本の食品安全行政は規制緩和を

進めてきた。例えば、2002年7月26日、厚生労働省の薬事食品衛生審議会では、米国及びEUで使用が認められていて国際的に必要性が高いとされる国際汎用添加物45品目、国際汎用香料54品目について、企業からの要請がなくても指定を検討することとした。2011年4月8日の閣議決定では、食品添加物の指定手続の簡素化・迅速化のため、厚生労働省と食品安全委員会との連携を強化すること、国際汎用食品添加物45品目の指定の迅速化を決定した。また、食品安全委員会は残留農薬基準の緩和、遺伝子組み換え食品の安全性評価を行い、政府が市場化を認めるなど、規制緩和を行ってきた。

(2) 食品安全をめぐる米国の要請

次に、2015年以降の食の安全をめぐって米国の要請内容を見ておこう。

1) 2015 外国貿易障壁報告書 USTR

2015年3月、USTRは米国議会に次のように報告した。

①牛肉及び牛肉製品

現在、米国は、30ヵ月齢未満の牛に由来する牛肉、牛内臓肉及びひき肉の輸出が可能となっている。30ヵ月齢以上の全ての牛肉製品及び30ヵ月齢未満の牛肉加工品については、輸出が禁止されたままになっている。米国は引き続き、日本がOIEガイドライン（抗菌耐性ガイドライン）に従って、全ての月齢の製品を受け入れることを含め、市場を完全に開放するよう働きかけていく。

②食品添加物

米国やその他の市場で広く使用されている多くの添加物が、日本では許可されていない。また、米国の製造業者は、消費される時点で食品中に残留していないような間接的な食品添加物についての日本の承認プロセスに時間が掛かることに懸念を表明した。

2002年に日本が承認プロセスを加速するとした46品目の食品添加物について、4品目を除き全てが承認された。米国は残り4品目に係

る審査を完了するとともに、将来の全ての食品添加物の審査プロセスを迅速化するよう求めている。

2) 2016外国貿易障壁報告書　USTR

2016年3月の外国貿易障壁報告書の中で、USTRは1年間の日米交渉による成果を次のように誇っている。

①牛肉及び牛肉製品

2013年2月及び2015年1月に日本がとった措置により、米国は、30ヵ月齢以下の牛に由来する牛肉及び牛肉製品の輸出が可能となった。米国は引き続き、日本がOIEにおける米国の評価と整合させるべく、全ての月齢の牛及び牛製品を受け入れ、市場を完全に開放するよう働きかけていく。2015年3月27日、日本は食用に供されるゼラチン及びコラーゲン（食用及び医薬用の両方を含む）製造用の反芻動物由来の原材料（骨粉及び皮革を含む）と、食用に供される反芻動物由来のゼラチン及びコラーゲンに係る輸入規制を見直した、と述べている（筆者注：「これらの規制の見直しは米国の要請を受け入れたものである」と交渉の成果を誇っている）。

②食品添加物

2002年に日本が承認プロセスを加速するとした46品目の食品添加物について、残された4品目は現在審査中であると理解している。米国は、その審査を完了するよう、日本に強く求めている、と述べている（筆者注：その後2016年政府は審査を加速させている）。

3) その他

「在日米商工会議所」は米国企業を中心に1000社以上の会員で構成されている。そのミッションを「日米の経済関係の更なる進展、米国企業および会員活動の支援、そして、日本における国際的なビジネス環境の強化」としており、日本の規制緩和を要求してきている。

「日米財界人会議」は1961年に発足し、日本の日米経済協議会とアメリカの米日経済諮問協議会が提携して、毎年1回総会が開かれている。この会議は、日米賢人会議などの日米間の民間外交の先がけであ

り、これまで日米経済摩擦への取り組み、TPP の推進などを提言してきた。

2　日本の食品安全行政の後退

2003 年、内閣府に食品安全委員会が設置される。

日本では BSE はないと豪語し、安全対策を怠ってきた日本政府は、国内で BSE が発生すると、それまでの業界優先の行政から建前上は「消費者の健康保持を最優先とする基本原則」の食品安全行政に転換した。食品安全委員会はこの基本原則に基づいて制定された「食品安全基本法」により、7 月に独立した「リスク評価機関」として内閣府の外局に設置された。しかし、消費者の健康を最優先とした委員会にもかかわらず、7 人の親委員会には消費者代表は 1 人もいない。専門調査会も設置され、農薬、食品添加物、微生物、プリオン（BSE 問題）、新開発食品（遺伝子組み換えなど）について審査を行っているが、審査内容は世界の科学者の文献を引用するにとどまり、自ら動物実験をすることもない。委員の人選においても、事務局や与党の意向が強く働き、慎重に安全性評価を行うことを重視する委員が選ばれないのではないかと思われる。

その結果、BSE 問題ではプリオン専門調査会が全頭検査の見直しを進め、検査対象を 20 ヵ月齢、30 ヵ月齢、48 ヵ月齢以上と次々に緩和し、2016 年 9 月には健康牛では全ての月齢で検査不要とするに至った。背後には、米国の USTR の要求や日米交渉の動きがあったと言わざるをえない。

遺伝子組み換え食品・作物をめぐっても、諮問された新たな対象をすべて是としてきた。しかも、遺伝子組み換え技術を使った食品添加物の安全性評価を食品安全委員会は放棄し、リスク管理機関としての厚生労働省は市場化を認めた。また、遺伝子組み換え微生物を用いた食品添加物も輸入されていたことがわかると、食品安全委員会の評価を行ったうえで厚生労働省は直ちに安全だとした。

2009年内閣府に消費者庁、消費者委員会が設置された。これは、中国の冷凍食品の農薬残留問題などで政府の政策が不信感をもたれたことに対し、与党政権が消費者保護を重視することを謳い世論の支持をとりつけようという背景があった。消費者庁は各省庁に対して消費者保護の司令塔とされ、権限を行使するはずであったが、予算規模[2]、陣容から活動に制約もあり、特に食の安全分野では消費者を重視する姿勢が未だに見られず、むしろ事業者に都合の良い政策を行っている。

消費者庁の設置は、消費生活の安全、表示、取引の分野を既存の省庁から切り離し一元化しようとしたものであったが、制度的にも十分な権限を持つことなく、また農林水産省や厚生労働省の職員の出向組がほとんどであることからマンパワーやメンタルの面でも執行力に欠けてしまった結果ではないだろうか。また内閣府には消費者委員会が[3]独立した権限を持つ機関として設置され、審議会機能を有し、各省庁に消費者重視の視点から勧告することができるとされたが、事務局体制も不十分で、自ら審議する力量も不足している。例えば、食品表示部会では事業者側の委員が多数を占め、事務局も消費者保護の視点に立っているとはいえない。筆者が食品表示部会委員を務めていた当時、加工食品の原料原産地表示問題で消費者として厳格な食品表示ルールを求めたが受け入れられず、消費者が選択できる表示ルールとしては不十分な報告書が作成された。また当初、検討課題とされた遺伝子組[4]み換え食品、食品添加物の表示ルールの審議は2017年4月、6月にようやく開始された。

2　消費者庁が設置された2009年度の予算は地方消費者行政支援を除くと89.2億円、2017年度予算案も地方の分を除けば91.7億円にとどまる。消費者庁の定員は2009年度が202人、2017年度案も334人に増えたが、絶対数が不足している。

3　消費者委員会の2009年度予算はわずか1.5億円、2016年度も依然として1.5億円にとどまる。消費者委員会の定員は2009年度が2人、2016年度もわずか13人である。

4　2016年12月に公表されパブリックコメントが求められた。その後2017年6月、パブリックコメントを受けて消費者庁は食品表示基準案を示した。対象は外国産を除くすべての加工食品に広がり、原料原産地を記載することを義務づけた。しかし「国産又は外国産」などとあいまいな「可能性表示」でもよいとしたり、経過措置期間を3年以上にしようとするなど事業者の言い分を反映するものとなる可能性がある。

こうした国の制度は、地方自治体の食品安全行政にも悪影響を与えてきた。BSE の全頭検査を自らの予算で実施してきた北海道は、国の全頭検査廃止の方向により検査を断念した。先進的な自治体は消費者保護のための条例を設けているが、国の制度の後退が悪影響を与えている。

3 TPP のルールから見えてくるもの

(1) 48 時間ルールの壁

TPP 協定第 5 章「貿易円滑化」では 48 時間ルールが規定された[5]。

現在、日本に入ってくる輸入食品は、平均 92 時間あまりかけて検疫所でチェックしているが、TPP では 48 時間以内に検疫を終えて国内で流通させることが原則となった。第 5 章「関税当局及び貿易円滑化」の 10 条では輸入手続の迅速化という名目で「原則 48 時間で必ず入れなければならない」（原文で shall（すべき）と記載）と書かれている。日本政府は例外も認められると説明しているが、この条文が厳密に適用されれば、輸入品をしっかりとチェックできなくなる。現在でも全国の検疫所で 400 人余りの検査官が抜き取り検査（検査率 10% 程度）を行っているにすぎず、さらに検疫体制がおろそかになる。

(2) ISDS の各分野へ適用

TPP 協定第 9 章「投資」章の ISDS は各分野へ適用範囲を広げる。

日本政府は、「ISDS（投資家対国家紛争解決 Investor State Dispute Settlement）について、投資受入国が不利にならないように乱訴防止の規定を盛り込んだので心配ない」と述べているがそうではない。北米自由貿易協定（NAFTA）では「公正かつ衡平な待遇」という曖昧な義務に対する違反が、多くの仲裁判断の根拠になったことへの批判があった。そのため TPP ではこの用語への意味を明確にした、と政府は説明する。しかし実際には、「どうすれば義務違反にあたるか」とい

5　http://www.tpp.mfat.govt.nz/text

う要件は明確にされず、恣意的な認定を防止することになっていない。

また政府は、環境や健康のための規制はISDSの例外（留保）になるとも説明しているが、そうとはいえない。この規定は、ある規制が「環境、健康その他の規制上の目的に配慮したもの」であっても、投資の章の他のすべての義務をクリアしなければ、例外とならないというものであり、結局この例外は機能せず、紛争解決のルールとして使われる。また投資企業が仲裁開始をほのめかすことで各国政府の政策を萎縮させる効果をもつことになる。

(3) 遺伝子組み換え食品問題

TPP協定第2章第27条では遺伝子組み換え食品・作物の微量混入について、輸出国と輸入国がわざわざ協議する仕組みをつくることが提案され、輸入国が輸出国に直ちに積み戻すことができなくなる。また輸出国が新たな遺伝子組み換え食品・作物を輸入国で合法化することを求める規定を置いた。

TPP協定第7章「衛生植物検疫（SPS）措置」では安全基準のルールが規定されている。ここでは、農薬・ポストハーベスト農薬の残留基準値の策定、動物用医薬品の使用基準、食品添加物、遺伝子組み換え穀物・食品、BSE対策などをめぐって「リスク分析（アナリシス）」の考え方が用いられている。同協定第7章第5条ではSPS委員会を設置することが掲げられており、加盟国での安全基準の策定の前に、ここで一定の基準作りが行われる可能性がある。

リスク分析とはリスク評価（アセスメント）、リスク管理（マネージメント）、リスクコミュニケーションからなるリスク低減のための考え方だが、予防原則を排除する傾向が強い。リスクを評価する際には、ハザード（汚染物質そのものの危害）とそれに影響される人々の危険性を定量化して考える。リスク管理では、リスク低減のための政策とコストや利益喪失などが比較考量され、社会としての一定の受忍限度を提案する。こうした作業の中で、リスクの評価においてもリスク管理

第 7 章　消費者安全行政の危機

の際にも狭い「科学主義」が重視されるため、リスクの潜在的危険性や、科学的にグレーゾーンとなっている事案における危険性については、これを指摘する者に挙証責任が負わされる。具体的には、人の死亡率の多寡でリスクを評価し、コストベネフィット論でリスク低減策が決定される傾向がある。そのため、例えば食品添加物をめぐり、そのリスクをめぐる議論では、使用の是非、使用量の基準をめぐり利害関係者での対立が生じる。

(4) 不透明となる食品の安全問題

　日米並行協議では「保険等の非関税措置に関する日本国政府とアメリカ合衆国政府との間の書簡」（日本政府暫定仮訳 2016 年 1 月 7 日公表）が合意され、簡保生命、知的財産権、政府調達、急送便分野などと並んで、TBT（貿易の技術的障害）に係る規格基準の制定手続、SPS に係るルールが盛り込まれた。[6]

　SPS の第 1 項には「収穫後の防かび剤」としてポストハーベスト農薬の項を立て、そこでは「日本の厚生労働省は農薬と食品添加物としてポストハーベスト農薬を統一して承認し、効率化を図る」とした。第 2 項では「食品添加物」について国際汎用食品添加物の 2002 年のリストをあげて 46 の品目を早く承認することを日本政府は承認した。第 3 項では「ゼラチン・コラーゲン」につき日本政府がすでに輸入の規制を緩和した、と記している。

---

[6]　TPP 交渉参加国との間で作成する文書（暫定仮訳　平成 28 年 1 月 7 日）のうち「国際約束を構成しない（法的拘束力を有しない）文書」の中に⑨日米並行交渉に関する文書を掲げ、その中の「保険等の非関税措置に関する日本国政府とアメリカ合衆国政府との間の書簡」を日本政府は日本語で公表した。
　「厚生労働省は、収穫前及び収穫後の両方に使用される防かび剤について、農薬及び食品添加物の承認のための統一された要請及び審議の過程を活用することにより、合理化された承認過程を実施する」と約束した。
　「日本国政府は、46 品目の国際汎用添加物からなる 2002 年のリストのうちまだ指定されていない 4 品目全てについて、追加的な資料の収集に要する期間を除き、原則として概ね 1 年以内に食品添加物として認めることを完了することを決定した 2012 年 7 月 10 日付けの閣議決定を誠実に実施することを確認する」と約束した。

こうした協定や二国間協議の結果次のような事態となっている。

食品添加物においては、米国からの要請を受けて、アルミニウムを含むベーキングパウダーなど4品目を承認した。それらは固結防止剤としてのアルミノケイ酸ナトリウム、ケイ酸アルミニウムカルシウム、着色剤のカルミン、膨張剤の酸性リン酸アルミニウムである。アルミニウムは子どもの神経毒性的疾患などとの関連が疑われている。

ポストハーベスト農薬においてはマラソン、臭化メチル、クロロピリホスメチルなど多くの農薬が輸送過程での穀物の腐敗、劣化を防ぐために用いられている。例えば、マラソンは日本国内で農薬としての基準値が0.1PPMであるのに対し、ポストハーベスト農薬として米国から日本に輸出する際には8PPMと80倍も使用基準が緩和されている。フルジオキソニルは、日本での農薬使用基準の10倍もの値で日本政府が規制を緩和した。今回はこうした農薬と食品添加物としての日本での二重基準をひとつにまとめ、緩い基準で使えるようにしたのだ。

農薬残留基準は国際機関（コーデックス委員会など）の基準を重視するようルール化された。コーデックス基準は日本より緩いものもあり、国際基準を利用すると日本での使用基準が緩和されることになる。

食品の表示ルールについてはTPP協定第8章「貿易の技術的障害（TBT）措置」及び同章の付属文書、日米二国間協議の合意内容にかかわる。第8章はWTOのTBT協定をベースとして構成されているものの、貿易促進を強調し、「グローバル化」を進めるものとなっており、消費者が商品の選択権を確保することを軽視している。

第8章第2条の「目的」規定では、「この章の規定は、不必要な貿易の技術的障害を撤廃し、透明性を高め、規制に関する一層の協力及び規制に関する良い慣行を促進すること等により貿易を円滑にすることを目的とする」として「透明性の確保」「貿易の円滑化」を重視している。

「透明性の確保」により、強制規格（＝義務表示）、任意規格（＝任意表示）、適合性評価手続（＝国際標準化機関の規格を基礎として用

いることなど）を定める際に、利害関係者の意見を十分に聞くことが必要とされる。これによって、協定加盟国が規格を作る際には、まずTPP加盟国間で作るTBT委員会、その作業部会を設け、利害関係者からの意見を反映させることとなる。国内で表示ルールを作る際には、WTOのTBT協定以上にTPPでは事業者の関与が認められており、消費者が求める厳しい表示ルールは実現できなくなる可能性が高い。

　第8章の附属文書も策定された。すなわち「締約国が、強制規格及び任意規格の立案、制定及び適用において専有されている製法に関する情報を収集する場合、正当な目的を達成するために必要なものに限ること、当該情報の秘密が、国内産品の情報の秘密と同様に、かつ正当な目的を達成するために必要なものに限ること……」とされている。そこでは食品添加物の情報や表示について、どのような化学物質を使っているのかは企業秘密だとして、情報開示・表示方法を制限することができるのである。消費者が自らの身を守るため、商品に含まれている食品添加物を知りそれを避けようとすることができなくなる恐れがある。

4　外交政策、政府の姿勢が自治体の行政に悪影響を与える

　食の安全をめぐっては、国のBSE対策の後退により北海道などの牛の全頭検査の実施が行われなくなったり、遺伝子組み換え食品・作物の開発をめぐる新潟県遺伝子組み換え栽培による交雑防止条例など、環境や安全対策に影響を及ぼしかねない。一方で、加工食品の原料原産地表示についての自治体の厳しい条例が企業に影響を与えることもある。しかし、TPPのルールにISDSが盛り込まれたことから、こうした先進的な条例や取組みの事例も訴訟の対象となりかねない。

参考文献（筆者執筆分）
1　『そうだったのか！TPP』TPPテキスト分析チーム編、2016年3月
2　「TPPと食の安全」『TPPと農林業・国民生活』所収、田代洋一編著、筑波

書房、2016 年 4 月
3 「TPP/SPS・TBT と食の安全」『消費者法ニュース』消費者法ニュース発行会議、2016 年 4 月
4 『続そうだったのか！TPP』TPP テキスト分析チーム編、2016 年 8 月
5 「食の安全と TPP」『民医連医療』No.529、2016 年 9 月
6 「TPP と食の安全」『TPP 協定の全体像と問題点 Ver.6』所収、TPP テキスト分析チーム編、2016 年 9 月
7 「TPP と化学物質」『JAPA ニュース』Vol.102、2016 年 12 月号、NPO 法人ダイオキシン・環境ホルモン対策国民会議
8 「TPP 協定の全体像と問題点―食の安全、食品表示ルールにもふれて」『日本の科学者』Vol.52、2017 年 3 月号、日本科学者会議編

第8章
国民の生命を守る行政の危機

寺尾正之

1 国民皆保険制度の屋台骨が揺らぐ

(1) 高額医薬品が保険財政を圧迫

　厚生労働省は2017年2月28日、2015年度の市町村国保の財政状況（速報）を発表した。市町村国保は、決算補填などのための一般会計繰入金を除いた場合の単年度収支は2843億円の赤字であった。国保の加入者（被保険者）数が120万人減少する中、1人当たりの医療費（保険給付費）が前年度から5.4％、1.5万円増えたため、全体の医療費（保険給付費）は前年度から2.1％、1,955億円増となった。主な理由は、高額なC型肝炎治療薬（「ハーボニー配合錠」や「ソバルディ」）が保険適用されて使用が拡大した影響である。

　市町村国保や協会けんぽ、健保組合、後期高齢者医療など全体の医療費[1]は2015年度で41.5兆円に上る。前年度から3.8％、1.5兆円増と過去最大の伸びを示した。とくに、C型肝炎治療薬を含む「抗ウイルス剤」が前年度の1185億円から3.5倍に増え4139億円に達した。厚生労働省はC型肝炎の新薬が医療費の伸びのうち、1％程度の影響があったと推計している。

　C型肝炎治療薬のハーボニー配合錠は、アメリカのギリアド・サイエンシズ社が開発した新薬で、2015年12月に日本で保険適用された。当初の薬価（保険給付される医薬品の公定価格）は、1日1錠で約8万171円（2016年4月以降は約32％引き下げられて5万4797円）、治療に必要な12週の服用で約673万円（同じく460万円）になる（患者負

---

[1] 医療保険と公費負担医療の給付対象で患者負担を含む概算医療費

図表8-1　イギリスを100とした各国の相対薬価
（2010年患者購入価格）

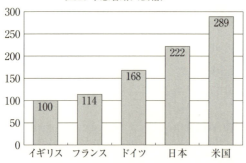

注：日本の売上上位100位までの薬剤で、米国、ドイツ、フランス、イギリスのうち3か国以上の薬価が判明した薬剤77品目の幾何平均値
（出所：全国保険医団体連合会「薬価の国際比較調査結果」2001年12月22日）

担は医療費助成制度があるので月額1万円又は2万円）。アメリカでの価格は1錠約15万円で、この価格との比較が目安になって薬価が決まった。

各国の薬価を比べると、イギリスの薬価を100とした場合、フランス114、ドイツ168、日本222、アメリカ289になる。イギリス、フランス、ドイツと比べると日本の薬価は高額になっているが、その日本より高いのがアメリカの薬価になる。アメリカは医薬品の価格決定権が製薬企業にあるからだ。日本は、アメリカに次いで高い薬価を国民皆保険制度によって保証している国である。しかも、日本の医療費のうち医薬品費は10兆円超を占めると推計される。アメリカの製薬大企業から見れば"巨大かつ安定した市場"といえる。

TPP協定からアメリカが離脱したので、TPP協定は発効しないが、2016年臨時国会のTPP特別委員会で、岸田文雄外務大臣はTPP協定が発効しない場合でも、日本とアメリカで交わした「書簡」、いわゆる「サイドレター」については廃止しないと答弁している。今後、日本とアメリカ二国間の通商交渉やFTA協議では、TPP協定の合意事項や日米間で合意したサイドレター[2]を出発点にして、"TPPプラス"の水準で行われることが想定される。

日本の国民皆保険制度で差し迫って影響を受けるのが医薬品である。世界の製薬企業トップ10はアメリカが5社を占めて突出している（日

---

[2] TPP政府対策本部ホームページ「TPP協定の訳文について」「TPP交渉参加国との間で作成する文書（いわゆるサイドレター）について」

第8章　国民の生命を守る行政の危機

本は武田薬品工業が世界ランキング17位、アステラス製薬19位、大塚Holdings 24位、第一三共25位など)。アメリカの巨大な製薬企業(BIG PHARMA)は、日本の医薬品の価格決定への関与を強め、特許保護とデータ保護の期間を長く延ばして利益を吸い上げる、すなわち利益を最大化させるという戦略である。

(2) 薬価の高止まりが続く

医薬品の特許保護期間は、アメリカも日本も20年間である。新たに開発した医薬品(新薬)については、特許出願しても、「治験」をはじめ安全性、有効性等の審査に要する期間があるため、新薬が販売承認されるまでに10年程度を要する。TPP交渉でアメリカは、その年数分だけ特許が"浸食"されているとして、その分に見合うだけ特許期間を延長することを要求していた。TPP協定ではアメリカの要求どおり、特許出願から販売承認までの年数に「不合理な短縮」と見なされる年数があれば、特許期間を延長することが合意された。

日本ではTPP協定関連法案(2016年12月に臨時国会で成立)で特許法改正が行われた。政府の説明では、不合理な短縮を補償するための特許延長制度は存在しないので、特許法を改正し、「特許出願の日から5年を経過した日」の「以後に特許権」が設定された場合は、不合理な短縮として、特許期間の延長ができる制度を設けるとされている。

TPP協定では、どこまでが「不合理な短縮」と判定されるかは今後の課題とされている。協定文には期間延長の年数は書かれておらず、アメリカが相手では、5年を超える延長が認められる可能性もある。5年以内に収まる保証はまったくない。新薬の薬価の高止まりが続き、アメリカの製薬大企業の儲けが保障されることになる。

(3) ジェネリック薬に新たな障壁

新薬の製造に関するデータには、いわば"薬のレシピ"が含まれて

---

3 「2015年世界の医薬品メーカーランキング・決算期版」研ファーマ・ブレーン、2016年7月

おり、公開されればジェネリック薬が製造できるようになる。新薬のデータが保護されている期間中は、新薬の特許が切れた国でも、ジェネリック薬の製造・販売ができなくなる。

　遺伝子操作など生物由来の新技術で創られるようになったのがバイオ医薬品で、TPP協定文では、バイオ医薬品のデータについて、「保護の期間を8年に限定することができる」（第18章50条1(a)注2）という表現にとどまり、限定しないこともあるという曖昧な決着となった。いずれにしろ新たなルールが導入されることになる。しかも、データ保護期間については、TPP協定発効後10年目以降に再協議が行われることになる。

　世界の医薬品売上トップ10はバイオ医薬品が8品目を占める[4]。今後、バイオ医薬品（世界の売上げ上位100品目中）の売り上げ比率は50％を超えると予想される[5]。バイオ医薬品の治療効果は高いが、開発コストも高いので薬価は高額になる。例えば、抗リウマチ薬はバイオ医薬品の1日当たり薬価が3,000円〜5,000円に対し、通常の分子標的薬の1日当たり価格は136円〜301円で10倍以上の開きがある[6]。

　バイオ医薬品のデータ保護期間が長期化することは、製薬大企業の独占的利益を保障する一方で、ジェネリック薬に対する新たな障壁が出現することになる。

(4)　人の診断・治療を特許対象に

　TPP協定では「特許を受けることができる対象事項」として、「産業上の利用可能性のある全ての技術分野の発明（物であるか方法であるかを問わない）について、特許を取得することができるようにする」とされている。

　一方でTPP締結国は、「次のものを、特許を受けることができる発

4　株式会社メディサーチホームページ
5　「製薬協産業ビジョン2025」日本製薬工業協会、2016年1月
6　『日経メディカル別冊』2013年1月22日

明から除外することができる」と規定され、除外対象には「人間又は動物の治療のための診断方法、治療方法及び外科的方法」などが挙がっている。「除外することができる」という規定であり、TPP締結国の判断によっては、特許保護の対象にすることも可能である。

アメリカでは、「新規かつ有用な方法、機械、製造物若しくは組成物、又はそれについての新規かつ有用な改良」であれば、特許保護の対象としている。日本は特許法第29条で「産業上利用することができる発明」に、人の診断・治療・手術方法は該当しないとして、特許保護の対象から除かれている。EUでも人命や健康に係わる治療や手術については、特許保護の対象とはしていない[7]。

TPP協定で新たなルールが導入されることになり、日本においても将来、特許法改正など国内制度の変更に向かうことが懸念される。治療・手術方法に特許権料が発生するならば、例えば、iPS細胞（人工多能性幹細胞）を使った再生医療などのコストが高騰することになる。保険適用すれば医療保険財政を圧迫するため、保険外に留め置かれたままになることが懸念される。

(5) 薬価決定プロセスが変わる

保険給付される医薬品の公定価格、つまり薬価制度については、TPP協定の第26章で「附属書26-A　医薬品及び医療機器に関する透明性及び手続きの公正な実施」で定められている。政府TPP対策本部も「本附属書は公的医療保険制度に直接関連する」と認めている。

第26章「透明性及び腐敗行為の防止」では、「透明性について、締結国は、TPP協定の対象となる事項に関する法令等を公表すること、意見提出のための合理的な機会を与えること」を定めている。これを受けて「附属書26-A」は、「保健医療当局」（日本は厚生労働省の中央社会保険医療協議会）が、「国の保健医療制度の下で償還を目的として新たな医薬品」を「一覧に掲載する」（保険適用するという意味）、また

---

[7] 「我が国と各国の特許制度比較―医療分野―」特許庁、2008年

は「償還の額を設定するための手続き」(薬価を決定するという意味)について、「検討が一定の期間内に完了することを確保する」ことや、「手続規則、方法、原則及び指針を開示する」ことが定められている。

さらに、「意思決定の過程の適切な時点」で、申請者に「意見を提出」する「機会を与える」ことや、「決定の根拠を理解する」ために「書面」を「申請者に提供」することが定められている。「決定により直接影響を受ける申請者」は、不服審査を開始することができることも規定されている。

日本は医薬品を保険適用するかどうか、薬価をいくらにするかということについて、中央社会保険医療協議会が検討の上、決定し、厚生労働大臣が承認するというプロセスだが、新薬を開発した製薬企業に対して、中央社会保険医療協議会の検討過程で、意見を提出する機会を与えることや、決定した内容の根拠を理解してもらうために、ペーパーを渡して説明するなど、懇切丁寧に対応することが盛り込まれた。つまり、アメリカの製薬大企業の言い分をよく聞いた上で、薬価を決めなさいということである。

①附属書適用は4ヵ国のみ

附属書26-Aには「付録締結国別の定義」が掲載され、「国の保健医療当局とは、次のものをいう」として、各国の保健医療当局が示されている。日本は中央社会保険医療協議会、アメリカはメディケア・メディケイド・サービス・センター、オーストラリアは医療便益諮問委員会、ニュージーランドは医療管理庁である。この4ヵ国以外では、カナダは連邦医薬品便益委員会と記載されているが、そのあとに「現在この附属書の適用対象となる国の保健医療制度を運営していない」と書かれている。カナダ以外の国でも同様に、附属書の適用対象となる国の保健医療制度を運営していない、と記載されている。ということは、この附属書26-Aが適用されるTPP締結国は4ヵ国しかないということになる。

しかもアメリカで、この附属書が適用されるのは65歳以上の高齢者

と障がい者を対象とした「メディケア」、貧困者を対象とした「メディケイド」に限られている。国民皆保険制度がないアメリカでは、国民の多くは民間医療保険に加入しているが、「無保険」の国民が総人口の6人に1人、推定5000万人に上った。2010年に施行され、2014年から本格実施された「オバマケア」（医療保険制度改革）は、「無保険」の国民に最低限必要な民間医療保険への加入義務を課して、所得に応じて保険料負担や医療費の自己負担に公的補助金を出す仕組みで、「無保険」だった2000万人以上が新たに民間医療保険に加入した。しかし、このオバマケアは附属書26-Aの適用対象とはされていない（トランプ大統領は2017年1月20日、オバマケア撤廃に向けた大統領令に署名、5月4日にオバマケア代替法案が連邦議会の下院を通過した。上院では代替法案が否決され、撤退法案も7月26日に否決された。7月28日には一部だけを廃止する法案が提出されたが、これも否決された）。

また、オーストラリアとニュージーランドについては、自国に世界ランキング上位に入る大きな製薬企業はなく、ジェネリック薬の製造・販売が中心である。

よって、附属書26-Aがターゲットにしているのは日本の国民皆保険制度であることは間違いない。

②審議会に外国利害関係者

また、「保険等の非関税措置に関する日本国政府とアメリカ合衆国政府との間の書簡」という日本とアメリカが交わしたサイドレターがある。その中で「日本国政府に対して助言や勧告」を行う目的で、「外国の関係者を含む全ての利害関係者」が「政府の審議会・諮問委員会の会合に出席し」「意見書を提出することを認める」ことが盛り込まれた。

厚生労働省の社会保障審議会、中央社会保険医療協議会の運営や決定プロセスにおいて、「利害関係者」であるアメリカの製薬大企業に対して、「透明性」を確保しなければならなくなる。米国通商代表部（USTR）が出している「2016年外国貿易障壁報告書」の日本関連部分には、「日本政府が設立する審議会は、より高い透明性が要求されるこ

とになる」と記載されており、このサイドレターの内容が先取りする形で盛り込まれている。

　③アメリカとの協議を確約

　さらに、附属書26-A「医薬品及び医療機器に関する透明性及び手続きの公正な実施」の適用に関する日本とアメリカが交わしたサイドレターがある。そこには「附属書に関するあらゆる事項（関連する将来の保健制度を含む）について協議する用意があることを確認する」とされている。保健制度、すなわち日本の国民皆保険制度を協議対象とすることに合意しているのである。いつから協議するのか、何を対象に協議するかは書いていない。協議するという確約だけをさせられた形である。

　政府は、サイドレターに法的拘束力はないと説明しているが、アメリカの要求に対してはっきり拒否することができるのか極めて疑問である。しかも政府は、前述の「2016年外国貿易障壁報告書」に対するコメントの中で、「TPP協定に関連して作成された文書（いわゆる『サイドレター』）に従って着実に実施していく考え」であることを表明している。

　TPP協定が発効しない場合でも、このサイドレターが出発点となって日本とアメリカ2国間の通商交渉やFTA協議が行われるならば、日本の国民皆保険制度が丸ごと協議の対象になることは明らかである。

　④ **TPP以前からアメリカが圧力**

　アメリカ政府は、TPP交渉がスタートする前の2011年に、「日米経済調和対話」を通じて、日本政府に対して、薬価制度に関する要求を突きつけた。具体的には、ⅰ新薬の特許が切れてもジェネリック薬が発売されるまでの間は高薬価を維持する「新薬創出等加算」を恒久化して加算率の上限を廃止する、ⅱ売り上げが増えてくれば当初の薬価を引き下げる「市場拡大再算定」を廃止する、ⅲ外国平均薬価が高くても日本の薬価が高くならないようにする「外国平均価格調整ルール」を見直す、などである。

また、2009年には「日米間の『規制改革及び競争政策イニシアチブ』に関する日米両首脳への報告書」で、「厚生労働省及び中央社会保険医療協議会等の審議会が、日本の医療制度改革を検討し実施する際には、米国業界を含む業界」は、「意見を表明することができ、厚生労働省はその意見を考慮する」ことや、中央社会保険医療協議会の薬価専門部会の委員について、「国籍に関係なく引き続き適当な候補者を選出していく」ことを求めてきた。

アメリカの製薬業界団体である米国研究製薬工業協会は、厚生労働省が市場拡大再算定の対象品目を拡大したことに対して、「制度に対する信頼を損なう」と批判し、「日本の薬価制度の安定性」が「低下を続けている」と懸念を示した[8]。オバマ前政権のプリツカー商務長官が、「菅官房長官あてに改革に反対する書簡を送るなど外圧も強まっている」ことも報じられた[9]。米国通商代表部の2017年外国貿易障壁報告書（日本関連部分）では、2016年に特定の医薬品の薬価を緊急的に引き下げたことを「障壁」として挙げている。

こうした薬価算定プロセスや薬価制度に対する要求について、2016年の参議院TPP特別委員会で厚生労働省は、TPP協定が仮に発効すれば、薬価に関する事項が、外国との条約に基づいた協議事項になることを認めている。

今後、新薬の保険適用の可否や、保険適用したときの薬価を決めている厚生労働省及び中央社会保険医療協議会に対して、アメリカの製薬大企業が、国民にとってではなく、利害関係者にとっての透明性を盾に影響を及ぼすようになり、その発言力が今以上に強まっていくことが考えられる。

(6) 国民皆保険制度の屋台骨が揺らぐ

今後、日本政府の裁量判断によって、アメリカ政府・製薬大企業の

---

8 「緊急薬価改定について」米国研究製薬工業協会、2016年11月21日
9 『毎日新聞』2016年12月21日朝刊

要求に沿う形で薬価を決めるプロセスや、薬価制度が運用されるならば、実質的に薬価制度が変わることになる。日本の国民皆保険制度は国民に支持されており、簡単に潰すことはできない。それならこの制度を利用して利益を最大化しよう、という作戦であろう。アメリカの保険会社が日本の郵便局のネットワークを利用して、がん保険を販売するのと同じ構図である。

　新薬を高薬価で保険適用すれば、患者負担（1割、2割、3割の定率負担）増に直結し、保険料引き上げにもつながるなど、国民皆保険制度の屋台骨が揺らぎかねない。市町村国保や後期高齢者医療などの医療保険財政を圧迫するため、治療効果の高い新薬が保険適用されずに、保険外に留め置かれてしまうことになりかねない。そうなれば、多額の保険外負担を支払うか、民間医療保険でカバーする余裕のある人しか使えなくなり、多くの患者から公平に最新の医療を受ける権利を奪うことになる。

　トランプ大統領は2017年1月31日、米国研究製薬工業協会会長らと会談し、医薬品の米国内での製造拡大と、「天文学的（に高い）」医薬品の価格を引き下げるように要請。同時に、新薬の承認を迅速化し、製薬企業に対する「膨大な規制を廃止する」方針を明らかにした。そして、「われわれは世界的なタダ乗りを止めさせる」と述べ、「他国も医薬品開発で応分の費用を負担すべきとの考えを示した」とロイター通信は報じた。

　世界最大の新薬の開発国であるアメリカが「タダ乗り」批判を盾に、医薬品をアメリカ国民には低価格で提供し、日本などアメリカ国外に輸出する医薬品は価格引き上げの圧力を強めてくる可能性がある。医薬品・薬価制度を梃子にして、国民皆保険制度そのものが脅かされる事態になりかねない。

2　医療・介護サービスのビジネス化による影響

(1)　混合診療拡大と株式会社病院

　医療サービスのビジネス化で懸念されるのが、混合診療の拡大である。厚生労働省が例外として認めた混合診療（保険外併用療養費制度）のひとつに高度先端医療などの「先進医療」がある。保険会社は医療保険と合わせて先進医療保険の普及・契約に力を入れている。2014年現在、民間保険の保有契約件数で最も多いのが終身保険で21.3％、次いで医療保険21.1％、ガン保険14.5％ を占めている。前年度の保有契約件数では医療保険が第1位であった。[10]

　厚生労働省が、先進医療の対象の保険適用を進めた場合、保険商品の先進医療保険の売れ行きが落ち込み、不利益を被ったとして、アメリカの保険会社が施策の変更（混合診療に留め置くこと）を求めて、ISDS条項（第4章を参照）を使って日本政府を訴えないとも限らない。訴えられることを回避するため、政府に抑制効果が働き、先進医療が混合診療の状態に留め置かれることにもなりかねない。先進医療にとどまらず、厚生労働省が認めた混合診療の対象となる医療サービスが拡大していく恐れがある。

　また、株式会社による病院経営も懸念される。アメリカやシンガポール、オーストラリアなどでは株式会社病院が認められているが、日本では株式会社病院は法律で禁止されている。医療法第7条で「営利を目的として、病院、診療所を開設しようとする者に対しては、許可を与えないことができる」と定められている。しかし、構造改革特区のひとつである「かながわバイオ医療産業特区」で、高度美容外科医療を提供する診療所（保険診療は取り扱わない）が、日本で初めて開設された事例がある。

　保険診療を取り扱うには厚生労働大臣から保険医療機関の指定を受けなくてはならないが、法律で禁止されている。注視しなくてはなら

10　「2016年版生命保険の動向」生命保険協会

ないのが、「総理・内閣主導」とされている国家戦略特区（東京圏、関西圏など）の枠組みが利用されることである。アメリカと日本の保険会社などが合作で株式会社を設立し、病院の開設認可を得る。これは前例があるので認めざるを得ない。保険医療機関の指定については、国家戦略特区を使って、特区に限定して認可するという手法である。

　医療法第54条は「剰余金の配当をしてはならない」と第三者への配当を禁じている。これによって医療の非営利性が担保されている。これが崩されるならば、配当優先、営利追求の医療が横行し、国民の生命は財力次第ということになってしまう。

(2)　保険会社が医療サービス参入

　日本の金融庁は2014年から規制緩和の一環として、保険会社が医療サービスを提供することを、「保険会社が直接提供しないこと」という条件を付けて認めた。保険加入者が、保険金や給付金、つまり金銭を受け取る代わりに、治療や検査など医療サービスを受けることができるというものである。

　本人の病名や容体に応じて必要な医療サービスを受けるのではなく、あくまで契約した保険金の範囲内に限られる。保険会社が価格変動にかかわらず、あらかじめ定められた治療や検査、手術などの医療サービスの提供を行うことを保険契約で約定する。保険加入者が、保険会社が委託した病院や診療所で治療や検査などを受けた場合、保険会社から提供された医療サービスの費用を直接、病院や診療所に支払うというものである。

　すでにアメリカでは、病気になるとまず保険会社に連絡を取り、保険会社が医療機関や医師を指示するというシステムである。患者は、保険会社と医療保険の契約をしていなければ、治療や検査などの医療サービスが受けられない。加入している医療保険の保険料によって、受けることができない治療や検査などもある。

　医療サービスを提供する民間医療保険が広がっていけば、契約する

保険金額に上限を設けず、医療サービスの対象範囲も大幅に拡大した保険商品が出現することになるであろう。すでに米日経済協議会は、医療サービスを提供する新しい保険の商品化について提言している[11][12]。保険会社が医療サービスの内容・支払いに関与していくことで、アメリカのように保険会社が加入者の受ける医療サービスを管理・制限するようになるのではないか。民間医療保険が拡大すれば、国民皆保険制度の土台が崩されることになる。

(3) 混合介護の拡大

介護サービスについては、2000年に介護保険制度が始まった当初から、居宅サービス給付での混合介護は認められてきた（特別養護老人ホームなどの施設では、保険外サービスの提供は原則認められていない）。また、介護サービスを提供する介護事業者は株式会社であっても認められている。厚生労働省は、介護保険内サービスと保険外サービスが明確に区分されていることや、利用者やその家族にあらかじめ保険外サービスの内容・料金を説明し、同意を得ていることなどのルールを通知している。

政府の規制改革推進会議は2017年4月25日、混合介護を規制緩和し、拡大する「介護保険内・保険外サービスの柔軟な組合せに関する意見」を取りまとめた。介護事業者らでつくる日本在宅介護協会は、ⅰ介護保険内と保険外の両方のサービスを同時・一体的に利用する、ⅱ利用者やその家族が希望する介護職員を指名（「指名料」を導入）する、ⅲサービスが集中する時間帯や時期に料金を上乗せできる、などの規制緩和を求めている。

一方、東京都の小池百合子知事は、総理・内閣主導の国家戦略特区の枠組みを活用し、東京都と豊島区とが連携し、2018年度に混合介護

11　米日経済関係の中核を担う企業で構成されている全米商工会議所の関連団体で、日本のトヨタ自動車、三菱UFJ銀行、アメリカのアフラック保険、ファイザー製薬などが会員
12　「アベノミクスの中心転換」米日経済協議会政策提言書、2016年3月

のモデル事業を始めることを、政府の国家戦略特別区域会議に提案した。特定の技能を持った介護職員の派遣を依頼する場合、1時間当たり500円から3,000円の「指定料」を導入することや、介護職員の需要が集中しがちな食事の時間帯は上乗せ料金を設けるとしている。[13]

このほか、かんぽ生命と第一生命、日本IBM、ALSOKなどの企業が共同して、高齢者向けの生活支援サービスをビジネス化する動きもある。

政府は「地域包括ケアシステムの推進」を基本政策に位置付け、全国の日常生活圏域で、「医療、介護、介護予防、住まい及び生活支援が包括的に提供されるネットワーク[14]」をつくる計画である。地方自治体の責任を強めるとともに、住民参加を頼りにしているが、担い手となる"地域の力"は弱体化しているのが実情だ。企業による介護サービス事業に依存することになりかねない。

アメリカでは公的保険としての介護保険は存在しない。民間介護保険は、前述のメディケアとメディケイドが給付しない介護サービスを対象にしている。今後、アメリカの保険会社が日本の介護事業者や保険会社と共同して、混合介護ビジネスの市場に参入してくることが考えられる。

混合介護を拡大することは、利用者に対して不明朗な形で料金が要求されることや、保険外サービスを利用しないと事実上、保険内サービスが受けられなくなることが懸念される。多くが年金に家計を委ねている利用者の負担が不当に拡大し、財力による差別化が図られる恐れがある。家族介護から脱却し、介護の社会化という介護保険制度の理念や、住民本位の地域包括ケアの実現に逆行するものである。

おわりに

国民皆保険制度は1961年4月に発足し、今年で56年目を迎えた。ア

13　第15回東京圏国家戦略特別区域会議、2017年2月10日
14　2016年版『厚生労働白書』

メリカの外圧（日米通商交渉など）と、内側からの圧力（政府の社会保障抑制路線）によって、形式的に全ての国民が加入するという意味で皆保険制度が持続しても、保険証1枚で「必要な医療が公的保険で受けられる」ことが実質的に機能しなくなり、空洞化する危険がある。国民にとって経済格差が健康・医療格差となる社会になっていくことが懸念される。

　新しく立ち上げる「日米経済対話」において、TPPプラスの水準でアメリカの要求が突きつけられる可能性がある。アメリカの要求を先取りする形で、国民皆保険制度など国内制度の運用や手続きが変更されないようにチェックすることや、地方自治体に対して、住民の医療・介護を守るための条例制定を求めていくことが大事になっている。

　医療・介護は、地域住民の生活を支える基本インフラといえる。「住み慣れた地域」において、一人ひとりの心身・生活の状態に即し、「生活の質」「療養の質」を保障する病床・施設・在宅等での多様な受け皿づくりが不可欠になる。そのためには、どのように住みたいのか、どのような「まちづくり」を行うのか——「健康で安心して住み続けられるまちづくり」という「基本構想」と整合性を持つことが必要である。地域住民と医療・介護従事者の両者の目線で、地域の実態、問題を個別・具体的に把握し、変えること、改善することを明らかにし、"生きる権利"を保障する医療・介護制度を構築することが課題である。

第9章
自由貿易協定と労働

尾林芳匡

　TPP・FTA などの自由貿易協定については、すでに農業・医療などの分野への深刻な影響が指摘されているが、労働分野にも大きな影響がある。以下では、TPP の公表された暫定仮訳により、労働分野の規定を概観した上で、労働者の権利保障の不徹底、労働規制が圧力によりさらに緩和されるおそれ、産業の打撃の労働者への影響、協定による労働条件引き下げ競争、そして対処の試みについて述べる。[1]

1　TPP 協定の労働についての取決め

　TPP 協定は、その第 19 章「労働」で、国際的に認められた労働者の権利に直接関係する締約国の法律等（「労働法令」）を執行すること、国際労働機関の 1998 年の労働における基本的な原則及び権利に関する宣言並びにその実施に関する措置（ILO 宣言）に述べられている権利（強制労働の撤廃、児童労働の廃止、雇用・職業に関する差別の撤廃等）を自国の法律等において採用・維持すること、労働法令についての啓発の促進及び公衆による関与のための枠組み、協力に関する原則等について定める。規定内容は次の通りである。[2]

(1)　「ILO 宣言」と「労働法令」（1 条）
　定義規定であり、「ILO 宣言」は 1998 年の「労働における基本的な

---

[1]　本稿全体について、尾林芳匡「TPP と地方自治体　自治体政策の工夫が非関税障壁にされる」『自治と分権』55 号・2014 年、農業、医療、労働など TPP の全体的問題については、自由法曹団「TPP はくらしと地域経済を破壊する」等を参照。
[2]　内閣官房 TPP 政府対策本部「TPP 交渉参加国との間で作成する文書（暫定仮訳）2016 年 1 月 7 日（http://www.cas.go.jp/jp/tpp/naiyou/tpp_sl_zanteikariyaku.html）

原則及び権利に関する宣言」とその実施についての措置のことをいい、「労働法令」とは締約国の定める法令で、(a)結社の自由及び団体交渉権の実効的な承認、(b)あらゆる形態の強制労働の撤廃、(c)児童労働の実効的な廃止、最悪の形態の児童労働の禁止その他の児童及び未成年者の労働に関する保護、(d)雇用及び職業に関する差別の撤廃、(e)最低賃金、労働時間並びに職業上の安全及び健康に関する受入れ可能な労働条件、という労働者の権利に直接関係するものをいう。

(2) 「共通の約束の表明」(2条)
　締約国は、労働者の権利に関するILO加盟国としての義務を確認し、保護主義的な貿易の目的のために労働基準を用いるべきでないことを認める。

(3) 「労働者の権利」(3条)
　締約国は、ILO宣言に述べられている(a)結社の自由及び団体交渉権の実効的な承認、(b)あらゆる形態の強制労働の撤廃、(c)児童労働の実効的な廃止、最悪の形態の児童労働の禁止、(d)雇用及び職業に関する差別の撤廃、という労働者の権利を採用・維持し、また、最低賃金、労働時間並びに職業上の安全及び健康に関する受入れ可能な労働条件を規律する労働法令を採用・維持する。

(4) 「逸脱の禁止」(4条)
　締約国は、労働法令による保護を弱め低下させることにより貿易・投資を奨励することが適当でないことを認め、労働法令について免除その他の逸脱措置をとってはならず、又はとる旨提案してはならない。

(5) 「労働法令の執行」(5条)
　締約国は、一連の作為又は不作為を貿易又は投資に影響を及ぼす態様で継続または反復し、労働法令の効果的な執行を怠ってはならない。

⑹ 「強制労働」（6条）

締約国は、あらゆる形態の強制労働を撤廃するとの目標を認め、強制労働によって生産された物品を他の輸入源から輸入しないよう奨励する。

⑺ 「企業の社会的責任」（7条）

締約国は、企業に対し、労働問題に関する企業の社会的責任についての自発的活動であって、自国が承認・支持したものを任意に採用することを奨励するよう努める。

⑻ 「啓発及び手続的な保証」（8条）

締約国は、労働法令の啓発を促進し、その執行のために公平で独立した裁判所の利用を確保し、裁判は公開で、対審・証拠による認定・理由の明示・書面による判断、上訴権・執行手続を定める。

⑼ 「公衆の意見の提出」（9条）

締約国は労働分野の規定に関連する公衆の意見の提出を可能とする。これに対し締約国は、意見により提起された事項を検討し、意見に対して回答し、他の締約国や公衆が意見及びその検討結果を入手できるようにする。

⑽ 「協力」（10条）

締約国は協力して労働基準改善と労働分野の規定の実施に取り組む。

⑾ 「協力的な労働対話」（11条）

締約国は、労働分野の規定に関して生じる問題について他の締約国との対話をいつでも要請できる。

⑫ 「労働評議会」(12条)

　締約国は、政府代表者から成る労働評議会を設置し、労働分野の規定を具体化し、見直す。

⑬ 「連絡部局」(13条)

　締約国は、連絡部局を指定して、連絡・調整を行う。

⑭ 「公衆の関与」(14条)

　評議会は、利害関係者の意見を受領し検討する。

⑮ 「労働協議」(15条)

　締約国は、労働分野の問題を解決するために、協力及び協議を行う。

2　日本政府等の見解と問題点

　政府は、日本としては、TPP協定の労働章において、「各締約国が保障すべきこととされている労働者の権利に関係する国内法令を既に有していることから、追加的な法的措置が必要となるものはない」とした上で、各締約国で労働者の権利保護が進めば、公正・公平な競争条件の確保につながり、ひいては、「我が国の企業の相対的な競争力強化につながる」としている[3]。

　また、わが国の報道も、労働分野の貿易ルールづくりで、児童労働や強制労働でつくられた製品の貿易を禁じ、早々に決着したと報じていた[4]。

　しかし、このような見解は、正確とは思われない。むしろ次のような問題点が指摘できる。

---

[3] 内閣官房TPP政府対策本部「TPP協定の章ごとの内容」第19・労働分野 (http://www.cas.go.jp/jp/tpp/naiyou/pdf/chapters/ch19_1.pdf)

[4] 「TPP、労働分野の貿易ルールづくりで事実上決着」『日本経済新聞』2014年7月8日付等参照。

(1) 不十分な労働者の権利保障

労働者の権利に関する ILO 条約との関係があいまいであり、ILO 条約の内容や、政労使三者構成という ILO で確立されたルールを後退させるおそれがある。

(2) 規定されていない権利についてさらなる規制緩和のおそれ

TPP・FTA は企業や投資家の意見によりさらに規制緩和を進めるしくみとなっており、労働分野でも、明記されていない労働法令の変更の圧力が加えられることになる。

(3) 産業の衰退と労働者の権利

TPP・FTA は農林業・医療など、広範な産業に影響があり、これらの国内産業が衰退すれば、そこで働く労働者の権利に重大な影響がでる。

(4) 締約国間での労働条件引き下げ競争

多国籍企業などの資本がより安い労賃の国で生産しようするため、環太平洋地域で労賃の引き下げ競争となり、労働条件が引き下げられる。

以下、3〜6 で、これらの問題点について述べる。

3　TPP 労働分野と ILO

(1)　「貿易取り決めにおける労働規定」

ILO はグローバル化の社会的側面に関する研究を続けているが、2013 年 11 月に労働規定を伴う貿易協定について分析した報告書を発表した。[5]

1990 年代以降、貿易協定に労働規定が盛り込まれる例が増えており、

---

[5] ILO 駐日事務所「貿易取り決めにおける労働規定」(http://www.ilo.org/tokyo/information/terminology/WCMS_472460/lang-ja/index.htm)

その大半が、ILOが1998年に採択した「労働における基本的原則及び権利に関する宣言」に言及し、労働基準は保護主義的な貿易目的で利用しないこととともに、関連する条約を未批准の場合でも、①結社の自由及び団体交渉権の効果的な承認、②あらゆる形態の強制労働の禁止、③児童労働の実効的な廃止、④雇用及び職業における差別の排除、の基本的な原則を尊重、促進、実現する義務を負うことを宣言している。

これらの基本的な原則及び権利に関係する条約は8つあり、結社の自由・団体交渉権に関する第87、98号条約、強制労働禁止に関する第29、105号条約、児童労働廃止に関する第138、182号条約、雇用・職業上の差別排除に関する第100、111号条約である。貿易協定の多くは、これらの基本条約には言及していない。

(2) TPP労働分野とILO

TPP労働分野の規定は、ILO宣言（1998）と基本4原則に言及するが、条約番号が明示されず、ILO条約が厳密に適用されるか疑問である。日本も「強制労働の廃止に関する条約」（105号条約）、「雇用および職業についての差別待遇に関する条約」（111号条約）を批准していない。前者は他国で強制労働により生産された製品の輸入、後者は正規非正規の大きな格差等が残されているためである。

ILOは、労働基準に関する国際的基準づくりや調整の専門機関であり、政労使の三者構成で、極力労使の対等性を確保しながら国際基準の実施状況について調査・勧告をする仕組みが確立している。これに対し、TPP労働分野の規定は「公衆の意見の提出」（9条）や「公衆の関与」（14条）の規定にみられるように、使用者側も労働者・労働組合側も「公衆」として意見表明や関与の道はあるものの、労使の対等性を保持するシステムはないし、調査・勧告の仕組みもない。労使の対等性や実施のシステムが確立しているILO条約を批准せず、TPP労働分野の規定で実施の義務を承認することで足りる、というのは、労

働者の権利保障への姿勢として不十分である[6]。

　また規定としても、たとえば「強制労働によって生産された物品」を取引対象としないという基本的な事項についても、他の輸入源から輸入しないよう「奨励する」（第6条）とするのみで、きわめて不徹底であり、実効性に乏しい。

4　労働法令についてのさらなる規制緩和圧力

　日本政府のTPP協定の労働章についての見解では、日本としては特別に立法措置は不要だが各締約国で労働者の権利保護が進めば、公正・公平な競争条件の確保につながり、日本企業の相対的な競争力強化につながるとしているが、これは一面的な観測である。

　貿易目的で労働基準を引き下げることは禁じられ、各国の労働法令は尊重される原則ではある。しかし実際には、協定の労働章で明記されていない種々の労働法令による規制は、協定参加によりさらに強い緩和圧力にさらされることになる。たとえば、在日米国商工会議所は、これまでにも繰り返し労働規制の緩和を要求してきた。「アベノミクスの三本の矢と対日直接投資：成長に向けた新たな航路への舵取り」では、「労働流動性」として、「雇用契約と解雇について、より一層の柔軟性と透明性を確保する」ことが対日直接投資には必要だとして、具体的な提言として、「使用者（事業主）が労働者を合法的に解雇できる場合の基準を明確化する」「十分に正当な理由を欠く解雇において、原職復帰に代わる金銭的補償制度を導入する」として解雇の自由の拡大や正当でない解雇についての金銭解決制度を提言し、「派遣労働に関する規制緩和」として「中小企業を派遣労働者に関する規制から適用除外する」ことや「派遣労働者を直接雇用した派遣先企業に対する優遇税制措置の立法化」などをあげる[7]。自由貿易のため、対日投資の拡大

---

[6]　TPPテキスト分析チーム「TPP協定の全体像と問題点」布施恵輔担当部分（http://www.parc-jp.org/teigen/2016/TPPtextanalysis_ver.4.pdf）参照。
[7]　在日米国商工会議所「アベノミクスの三本の矢と対日直接投資：成長に向けた新たな航路への舵取り」（www.accj.or.jp・2014年2月27日）参照。

のためと称して、解雇規制や派遣労働の規制のさらなる緩和の圧力が加えられる可能性がきわめて高い。

　こうなれば、政府の観測のように規制のゆるやかな国が日本に合わせるのではなく、労働規制がよりゆるやかな締約国との国際競争のために、わが国の労働法令による規制をさらに規制緩和させられることになる。労働分野の規定に明記された、貿易目的での労働基準の利用の禁止と4原則（①結社の自由及び団体交渉権の効果的な承認、②あらゆる形態の強制労働の禁止、③児童労働の実効的な廃止、④雇用及び職業における差別の排除）以外にも、わが国では解雇規制、派遣労働規制、社会保険など、多様な労働法令が確立しており、地方自治体の公契約条例も広がっている。こうした労働法令における規制が緩和の圧力を受けることになる。

5　産業の受ける影響は労働者を直撃

　TPP・FTAはわが国の産業に深刻な影響を与えることが予想されている。産業の受けた打撃は、そのままそこにはたらく労働者の雇用や労働条件に深刻な影響を与える。[8]

(1)　農林業の壊滅と食料主権の崩壊

　協定参加により、世界最大規模の農業産品輸出国との間で、関税をゼロにした貿易に近づくことになる。1960年代からの市場開放で農産物の自給率はすでに40％という低水準であり、農林水産省の試算でも協定参加により自給率が13％程度となり、340万人程度の農業従事者の雇用が失われる。雇用を失わなくても労働条件が大きく悪化することは避けられない。

---

[8]　田代洋一「安部政権とTPP」筑波書房ブックレット・2013年、日本農業新聞2011年11月2日付等参照。

(2) 国民皆保険制度と医療の崩壊

薬価の決定過程に多国籍製薬企業が関与することによる薬価の高騰、知的財産保護策としての薬価下落の回避、金融・保険の分野の非関税障壁としての公的保険の縮小、自由診療と公的保険を併用する混合診療の規制の撤廃、株式会社による医療の規制緩和等が予想される[9]。地方自治体も支えてきた地域医療や救急医療の困難はさらに増大し、医療従事者の雇用と労働条件に深刻な影響がでる。

(3) サービス業も含む雇用の喪失と労働条件の切り下げ

低価格のサービス・商品の輸入が増加すれば日本企業はあらゆる分野で現状よりもさらに厳しいコスト削減を強いられ、労働者の削減や労働条件の切り下げがもたらされ、失業者が増大する。外国人労働者の受け入れの要件も緩和され、外国人労働者の増加がこれに拍車をかける。たとえば、介護・福祉分野では「看護師・介護福祉士の海外からの人の移動」を推進することがねらわれている[10]。

(4) 地方自治体などの「政府調達」への影響

国や地方自治体などの政府が行政のためにする、物品やサービス、あるいは建設工事などの調達にも海外企業の参入が拡大し、国内企業の受注可能な事業はさらに縮小し、政府調達関連の物品・サービス・建設などにはたらく労働者の雇用と労働条件も大打撃を受ける[11]。外資の参入機会が地方自治体で広がれば、地方自治体は入札の有無に関わらず関連資料の英文公開が義務付けられ、事務負担も増加するし、国内企業の減収と競争激化が進み、はたらく労働者にも大きな影響がある[12]。

---

9 営利企業の医療参入の問題点については、日本医師会のTPPに関する意見（http://www.med.or.jp/jma/nichii/）参照。
10 「包括的経済連携に関する基本方針」（2010年11月9日閣議決定 http://www.kantei.go.jp/jp/kakugikettei/2010/1109kihonhousin.html）
11 「TPP加入、建設産業の崩壊招く」（建設通信新聞 http://ameblo.jp/tpp-tekkai/image-10812058246-11071849225.html）
12 「橋梁新聞」（http://www.kyoryoshimbun.com/cn4/pg199.html）

6　締約国間の労働条件引き下げ競争

　結局、TPP・FTAでもたらされるのは、締約国間の労働条件引き下げ競争である。そしてこの競争は、発足時点の規定により固定化されるのではなく、「共通の約束を更に進めるため」の協力（10条1項）のもと、さらに規制緩和を進めることが予定されている。

(1)　GDP減少と格差拡大

　TPPについても推計方法によって経済効果の見通しは大きく異なるものが示されているが、政府・経済界の描く観測と異なり、厳しい見通しを指摘するものも多い。米国タフツ大学のGlobal Development And Environment Institute（GDAE）は、2025年までのTPPの効果を推計し、米国、日本、非参加国のGDPは減少し、参加する新興国のGDP増加も限定的であるとした上で、雇用は全ての参加国及び非参加国で減少し、格差が拡大するとしている[13]。

(2)　貿易自由化の雇用への影響

　貿易自由化が雇用に与える影響を調べた文献は様々な結果を示しており、1970年代におけるチリの貿易改革では貿易自由化により総失業者数が増え、1979年〜1986年のウルグアイの39の産業部門の雇用に対する貿易自由化で製造業の失業が増え、1985〜87年のメキシコの貿易自由化で雇用者数が減少した。

　また世界経済で生産の国際分業が広がり、グローバルなサプライチェーン（供給網）またはバリューチェーン（価値連鎖）が拡大したことで、途上国には企業・雇用の創出・成長もみられるが、世界中の雇用や収入の質と量、分布に大きな影響を与え、2013年4月にバングラ

13　国立国会図書館　調査及び立法考査局経済産業調査室（主幹 小池拓自）「TPPの概要と論点　総論―環太平洋パートナーシップ協定署名を受けて―」『調査と情報―ISSUE BRIEF―』NUMBER 901. 2016年3月18日。

デシュで発生した、複数の国際下請企業が入るラナプラザビルの倒壊で多数の死傷者が出るなど、ディーセント・ワーク（働きがいのある人間らしい仕事）の実現への対処の必要が指摘されている[14]。

7　貿易自由化への対処の試み

　TPP・FTAなどの貿易自由化は、労働法令のさらなる規制緩和の圧力が避けられない点でも、農林水産業・医療・サービス業・政府調達などの産業への打撃が労働者を直撃する点でも、締約国間の果てしない労働条件引き下げ競争がもたらされる点でも、労働分野においても地方自治体を直撃する。

　これに対する対処としては、何よりも政府の施策を多国籍企業の利益から地域経済と労働者の保護に切り替えることが必要であるが、地方自治体や労働運動として何が可能か、先行する自由貿易圏や最近の国際機関等における経験に学ぶ必要がある。

(1)　EUでの経験—公共サービスを地域経済のために—

　EUの経済統合は、プラス面のみが報道されることも多いが、人と物の自由移動により、各国や地方自治体の政府調達について、加盟国への平等な開放が義務づけられ、地方自治体の政府調達も他国の安価な労働力を抱えた企業に落札されることがしばしば起き、いわば全欧州規模での労働条件のダンピング競争が起きている。これに歯止めをかけるための措置について、紛争も生じている[15]。

　これに対し欧州自治体協会は、公共サービスの実施方法を決定するのは地方自治体の権利だという、「欧州公共サービス憲章」を策定して、欧州議会にはたらきかけるなどしている[16]。

14　以下につき、前掲（注5）ILO「貿易取り決めにおける労働規定」参照。
15　山本志郎「EU経済統合にみる労働抵触法の新たな課題」（『季刊労働法』243号）は近い問題意識を持った検討である。
16　The Council of European Municipalities and Regions, "EUROPEAN CHARTER ON LOCAL AND REGIONAL SERVICES OF GENERAL INTEREST"

(2) グローバル・サプライチェーン（世界的供給網）問題

　ILOはシンポジウム等でグローバル・サプライチェーン（世界的供給網）の問題を取り上げている。いま世界の就労者のほぼ5人に1人がこれに関連した仕事に就き、ここでのディーセント・ワーク（人間らしい仕事）を確立するために、①グローバル・サプライチェーンを巡る最近の動向の検討、②ディーセント・ワークの達成への影響の分析、③効果的な統治のための戦略の策定などが検討されている。そこでは国内法による労働基準の効果的な実行とともに、多国籍企業にグローバル・サプライチェーンの全体を通じて国際労働基準を尊重する責任があることが指摘され、労働組合の能力と団体交渉の強化に向けて国境を越えた労働関係の確立が重要であるとされる[17]。

　国際的な人権団体と労働組合の協力により、アパレル業界の世界的ブランドに対して、製造工場についての情報の開示を求め、公正な労働条件での生産が行われているかを監視する取組もはじまっている[18]。

　日本政府や地方自治体が、多国籍企業に対し労働者に対する世界的な責任を果たしているかという視点で統治を強化することが求められる。一部の地方自治体には、大企業の工場や大型店舗を誘致すれば「にぎわい」がもたらされるという発想もみられるが、大型店舗で販売される商品がグローバル・サプライチェーンの中でどのような位置を占め、どのような労働の産物なのか、見極めることが必要である。

おわりに

　TPP・FTAなどの自由貿易協定は、多国籍企業が、資源・原材料・労働力などの面でもっとも有利な地域で生産・流通・販売することにつながるものであり、賃金など労働条件の格差を利用して収益を拡大す

17　Workers' Symposium on Decent Work in Global Supply Chains（http://www.ilo.org/actrav/events/WCMS_432620/lang-ja/index.htm）参照。

18　Humanrightswatch "Follow the Thread The Need for Supply Chain Transparency in the Garment and Footwear Industry"（2017年4月20日。https://www.hrw.org/ja/news/2017/04/20/302497）参照。

るシステムである。労働分野の規定は、一面で企業活動に対する規制を最小限度にするため貿易目的の基準引き下げや基本4原則に限定し、また各締約国の労働法令におけるさらなる規制緩和を可能にし、そのために企業・投資家など「公衆」の発言権や関与を保障し、各分野の産業の国際競争激化による淘汰や締約国間の労働条件引き下げ競争によりさらなる収益の拡大を可能にする。

　他方で、自由貿易協定の労働者の地位・権利に対する負の影響も注目されるようになり、ILOの活動や労働団体・人権諸団体の取組みでも、多国籍企業の国際的な活動を可視化し、労働組合等の関与を確保して、労働条件の抑制やディーセント・ワーク（人間らしい仕事）の阻害に対する監視・批判・改善を可能にしようとする試みが、広がりつつあるといえる。

　このような中で地方自治体は、住民と地域経済をまもる立場に立ち、多国籍の活動やこれに伴う締約国の労働者の状態悪化に対する批判的な視座を保って、独自の施策を工夫していくことが期待される。

【編著者】

岡田知弘（おかだ　ともひろ）　京都大学大学院経済学研究科教授　　（第3章執筆）
　　　　　　　　　　　　　　　自治体問題研究所理事長

【著　者】

内田聖子（うちだ　しょうこ）　NPO法人アジア太平洋資料センター（PARC）共同代表
　　　　　　　　　　　　　　　　　　　　　　　　　　　　　　　　（第1章執筆）

郭　洋春（かく　やんちゅん）　立教大学経済学部教授　　　　　　　（第2章執筆）

三雲崇正（みくも　たかまさ）　新宿区議会議員・弁護士　　　　　　（第4章執筆）

近藤康男（こんどう　やすお）　「TPPに反対する人々の運動」世話人　（第5章執筆）

鳥畑与一（とりはた　よいち）　静岡大学人文社会科学部教授　　　　（第6章執筆）

山浦康明（やまうら　やすあき）　明治大学法学部兼任講師　　　　　（第7章執筆）
　　　　　　　　　　　　　　　NPO法人日本消費者連盟元共同代表

寺尾正之（てらお　まさゆき）　全国保険医団体連合会政策部　　　　（第8章執筆）

尾林芳匡（おばやし　よしまさ）　弁護士　　　　　　　　　　　　　（第9章執筆）

地域と自治体第38集
TPP・FTAと公共政策の変質
―問われる国民主権、地方自治、公共サービス―

2017年9月25日　初版第1刷発行

編　者　岡田知弘・自治体問題研究所
発行者　福島　譲
発行所　㈱自治体研究社
　　　　〒162-8512 新宿区矢来町123　矢来ビル4F
　　　　TEL：03・3235・5941／FAX：03・3235・5933
　　　　http://www.jichiken.jp/
　　　　E-Mail：info@jichiken.jp

ISBN978-4-88037-672-1 C0036　　　　　デザイン：アルファ・デザイン
　　　　　　　　　　　　　　　　　　　　印刷：モリモト印刷

自治体研究社

地方自治法への招待

白藤博行著　定価（本体1500円＋税）

　地方自治は憲法が保障する民主主義への道のひとつであり、憲法が保障する基本的人権を具体化する法律である。憲法で地方自治法を、地方自治法で憲法を考える。

地方自治の再発見
――不安と混迷の時代に

加茂利男著　定価（本体2200円＋税）

何が起こるか分らない時代―戦争の危機、グローバル資本主義の混迷、人口減少社会―激流のなかで、地方自治を再発見する。［現代自治選書］

地方自治のしくみと法

岡田正則・榊原秀訓・大田直史・豊島明子著　定価（本体2200円＋税）

自治体は市民の暮らしと権利をどのように守るのか。憲法・地方自治法の規定に即して自治体の仕組みと仕事を明らかにする。［現代自治選書］

新しい時代の地方自治像の探究

白藤博行著　定価（本体2400円＋税）

道州制が囁かれる今、住民に近い自治体でありつづけるための「国と自治体の関係」を大きく問い直す論理的枠組みを考える。［現代自治選書］

日本の地方自治 その歴史と未来　［増補版］

宮本憲一著　定価（本体2700円＋税）

明治期から現代までの地方自治史を跡づける。政府と地方自治運動の対抗関係の中で生まれる政策形成の歴史を総合的に描く。［現代自治選書］

地域と自治体第37集
地方消滅論・地方創生政策を問う

岡田知弘・榊原秀訓・永山利和編著　定価（本体2700円＋税）

「自治体消滅論」というショックドクトリンが打ちあげられ、それではとばかりに展開されてきた地方創生政策。その手法と論理の矛盾を、地方自治、地域経済、国土計画、社会福祉などの観点から問い直す。